国家出版基金项目
NATIONAL PUBLICATION FOUNDATION

中国传统村落文化抢救与研究

文化区系列

江淮传统村落

吴必虎 罗德胤 张晓虹 汤敏 ◎ 主编

吴小伟 ◎ 编著

海天出版社
·深圳·

图书在版编目（CIP）数据

江淮传统村落 / 吴必虎等主编. — 深圳：海天出版社，2020.12
（中国传统村落文化抢救与研究. 文化区系列）
ISBN 978-7-5507-3037-3

Ⅰ．①江… Ⅱ．①吴… Ⅲ．①村落－研究－安徽 Ⅳ．①K928.5

中国版本图书馆CIP数据核字（2020）第205398号

审图号：GS（2020）5315号

江淮传统村落
JIANGHUAI CHUANTONG CUNLUO

出 品 人	聂雄前
项目策划	许全军
项目统筹	南　芳
责任编辑	韩海彬
责任校对	叶　果
责任技编	郑　欢
装帧设计	知行格致

出版发行	海天出版社
地　　址	深圳市彩田南路海天综合大厦（518033）
网　　址	www.htph.com.cn
订购电话	0755-83460239（邮购、团购）
设计制作	深圳市知行格致文化传播有限公司　Tel：0755-83464427
印　　刷	中华商务联合印刷（广东）有限公司
开　　本	787mm×1092mm　1/16
印　　张	15
字　　数	187千
版　　次	2020年12月第1版
印　　次	2020年12月第1次
定　　价	398.00元

海天版图书版权所有，侵权必究。
海天版图书凡有印装质量问题，请随时向承印厂调换。

"中国传统村落文化抢救与研究·文化区系列"
编委会

EDITORIAL COMMITTEE

丛书主编：吴必虎　罗德胤　张晓虹　汤　敏

《中国传统村落概论》

编委会主任：张宝秀、成志芬
编委会成员：朱永杰、刘剑刚、李　扬、
　　　　　　时少华、张　勃、苑焕乔、
　　　　　　周爱华
编写分工：第一章　张宝秀、成志芬
　　　　　第二章　朱永杰
　　　　　第三章　刘剑刚
　　　　　第四章　李　扬
　　　　　第五章　成志芬、苑焕乔
　　　　　第六章　张　勃、李　扬
　　　　　第七章　时少华

《中原传统村落》

编委会主任：丁　华、张　东、
　　　　　　杨　博、郭晋媛
编委会成员：杨晓俊、戴　宏、刘改芳、
　　　　　　栗晓楠、刘　晗、姚　浪、
　　　　　　李羿祥、薛艳青、戴景文、
　　　　　　蒋星怡、朱凯凯、黄静怡、
　　　　　　廖文强、张　悦、陈鑫源、
　　　　　　陈姗姗、陈添珍、高媛媛、
　　　　　　刘丽丽、易远铨、黎燕君、
　　　　　　王　坤、易　雪、萧僖雯、
　　　　　　沈思源、苏小燕

《徽州传统村落》

编委会主任：张云彬、张宏梅、王　娟
编委会成员：张　茹、沈思佳、张业臣、
　　　　　　张小军、闻　飞、方敦礼
编写分工：第一章　张云彬
　　　　　第二章　张宏梅、张云彬
　　　　　第三章　张云彬
　　　　　第四章　王　娟
　　　　　第五章　张云彬、张宏梅、
　　　　　　　　　王　娟
　　　　　第六章　张宏梅

《荆楚传统村落》

编委会主任：龚胜生、何小芊、胡　娟、
　　　　　　陈丽军
编委会成员：伍昌友、李孜沫、魏幼红、
　　　　　　张　涛
编写分工：第一章　龚胜生、何小芊
　　　　　第二章　何小芊
　　　　　第三章　胡　娟、龚胜生
　　　　　第四章　胡　娟
　　　　　第五章　陈丽军
　　　　　第六章　陈丽军
　　　　　第七章　何小芊

《客家传统村落》

编委会主任：陈　川

编委会成员：萧清碧、黄宗焕、李长青、
　　　　　　何烈孝、沈　洁

编写分工：第一章　陈　川、萧清碧
　　　　　第二章　陈　川、萧清碧
　　　　　第三章　萧清碧、陈　川、
　　　　　　　　　黄宗焕、李长青
　　　　　第四章　萧清碧、陈　川、
　　　　　　　　　黄宗焕
　　　　　第五章　萧清碧、李长青、
　　　　　　　　　黄宗焕、陈　川
　　　　　第六章　陈　川、萧清碧、
　　　　　　　　　黄宗焕、何烈孝

《西南传统村落》

编委会主任：刘丹萍、高　璟、吴艳阳、
　　　　　　徐　燕

编委会成员：陈玲玲、刘博宇、郭可欣、
　　　　　　赵昱嫣、郭聪聪、方家刚、
　　　　　　宋尚周

编写分工：第一章　刘丹萍、高　璟
　　　　　第二章　刘丹萍、高　璟
　　　　　第三章　刘丹萍、高　璟
　　　　　第四章　刘丹萍、高　璟
　　　　　第五章　刘丹萍、高　璟、
　　　　　　　　　吴艳阳、徐　燕
　　　　　第六章　刘丹萍、高　璟

《关东传统村落》

编委会主任：朱晓蕾、王福刚

编委会成员：付　卉、甘　静

编写分工：第一章　付　卉、朱晓蕾
　　　　　第二章　朱晓蕾
　　　　　第三章　王福刚
　　　　　第四章　朱晓蕾
　　　　　第五章　甘　静、朱晓蕾、
　　　　　　　　　王福刚
　　　　　第六章　朱晓蕾

《吴越传统村落》

编委会主任：崔　峰、王丽娴、张光明

编委会成员：千继贤、王　瑜、朱晓庆、
　　　　　　尤　峰

编写分工：第一章　崔　峰、朱晓庆
　　　　　第二章　崔　峰、千继贤
　　　　　第三章　王丽娴、崔　峰
　　　　　第四章　王　瑜
　　　　　第五章　崔　峰、尤　峰
　　　　　第六章　张光明

《西北传统村落》

编委会主任：李 丁、苗 红、冶建明
编委会成员：韩雅敏、林 燕、孟 璐、
　　　　　　王文倩、李珍珍、黄 雪、
　　　　　　耿一睿、刘国锋、王 芸、
　　　　　　王 宁、余 洋、王 鑫
编 写 分 工：第一章 李 丁、苗 红、
　　　　　　　　　　冶建明
　　　　　　第二章 李 丁
　　　　　　第三章 苗 红
　　　　　　第四章 冶建明
　　　　　　第五章 李 丁、苗 红、
　　　　　　　　　　冶建明

《滨海传统村落》

编委会主任：裴 丹
编委会成员：黄丽华、严琳霞、李丹洋、
　　　　　　尚珍宇
编 写 分 工：第一章 裴 丹
　　　　　　第二章 裴 丹
　　　　　　第三章 尚珍宇、裴 丹
　　　　　　第四章 李丹洋、严琳霞、
　　　　　　　　　　裴 丹
　　　　　　第五章 黄丽华、严琳霞、
　　　　　　　　　　李丹洋、裴 丹
　　　　　　第六章 严琳霞、裴 丹

《黄淮海传统村落》

编委会主任：邢慧斌
编委会成员：魏云刚、孙庆久、佟 薇、
　　　　　　吴 军、马 晓
编 写 分 工：第一章 佟 薇、邢慧斌
　　　　　　第二章 孙庆久、邢慧斌
　　　　　　第三章 马 晓、邢慧斌
　　　　　　第四章 魏云刚、邢慧斌
　　　　　　第五章 吴 军、邢慧斌

《巴蜀传统村落》

编委会主任：刘小方、李小波
编委会成员：纪凤仪、冯祉烨、王晓文
编 写 分 工：第一章 冯祉烨、刘小方、
　　　　　　　　　　李小波
　　　　　　第二章 冯祉烨
　　　　　　第三章 刘小方、冯祉烨
　　　　　　第四章 纪凤仪

《藏蒙传统村落》

编委会主任：朱普选

编委会成员：明庆中、梁旺兵、曾　谦、
　　　　　　琼　达、罗钺敏、黄　丽、
　　　　　　尚前浪、先　巴、秦　旭、
　　　　　　李　凡、阿荣娜、肖卫东、
　　　　　　史家铭、达　桑、慈尚普、
　　　　　　蒋其平

编写分工：第一章　朱普选
　　　　　第二章　琼　达、肖卫东、
　　　　　　　　　史家铭、达　桑、
　　　　　　　　　慈尚普、蒋其平
　　　　　第三章　罗钺敏、先　巴
　　　　　第四章　梁旺兵、秦　旭
　　　　　第五章　黄　丽
　　　　　第六章　尚前浪、李　凡、
　　　　　　　　　明庆中
　　　　　第七章　曾　谦、阿荣娜

《东南传统村落》

编委会主任：吴荣华、王国栋、郑庆之、
　　　　　　黄丽华

编委会成员：叶乃齐、冯仕晏、曾健鹏、
　　　　　　陈秋晓、邓冰蓉

编写分工：第一章　王国栋
　　　　　第二章　王国栋
　　　　　第三章　郑庆之
　　　　　第四章　吴荣华
　　　　　第五章　吴荣华、王国栋、
　　　　　　　　　黄丽华
　　　　　第六章　吴荣华、王国栋、
　　　　　　　　　黄丽华

《江淮传统村落》

吴小伟　编著

致谢

林丽琴、姜丽黎、宋尚周、谢冶凤、王梦婷、王定镇、王　琳、周爱清、陈建茂、于小强

序言
PREFACE

  进入二十一世纪的中国，城市化进程发展十分迅速。城市化脚步之快，快过了这个社会的思考的速度。在这样一种背景下，大量的农业人口进城，大量的乡村"空心化"，伴随着相当长的一个时期内地方发展对土地财政的严重依赖，在村集体所有制的宅基地制度基础上农民对乡村规划建设的弱势地位，以及其他一些社会经济和文化原因，导致了中国传统村落大片大片消失。正如一大批分布于全国各地，从事各行各业，痛惜于传统村落的快速消亡，钟情于怀念美丽田园生活里的梦幻童年，致力于利用各种方式抢救濒于困境的故土，投身于丰富多姿的乡村文化遗产研究领域的人们一样，五六年前我们几个志同道合的小伙伴，清华大学建筑学院的罗德胤副教授，北京大学俞孔坚教授的学生、古村之友发起人汤敏硕士，浙江桐乡乌镇和北京古北水镇主理人陈向宏先生，发起成立了古村镇大会，并分别在浙江乌镇、山东滨州、北京古北水镇和山西碛口古镇，召开了四次古村镇大会。在办会过程中，几位会议创办人提起了组织编辑出版一套古村研究丛书的想法，这一想法得到了深圳海天出版社的支持，申报了"十三五"出版规划，并顺利获得批准立项。

这套丛书的框架相当庞大，初步设想包括文化区系列、物质文化系列和非物质文化系列。这么庞大的系列，组织起来难度可想而知。为了增强组织和编写力量，我们又邀请了复旦大学中国历史地理研究所所长张晓虹教授加盟。目前推出的十五册，仅是其中第一辑文化区系列。

为什么要从文化区视角组织第一辑系列丛书？这主要基于中国传统村落形成发展于中国广袤的国土、悠久的历史、多民族共融的文化视角的考虑。

从自然地理角度看，中国南北横跨热带、亚热带和温带三个气候地带，东西纵盖60多个经度，具有东部滨海平原、中部山地高原盆地、西部干旱沙漠和高寒山地高原等多种地貌形态，海拔高度又具有从海平面以下数百米到世界屋脊最高峰8848.86米的最大高差形成的垂直气候带和植被带。在这么广阔、多样的自然地理条件下形成的村落，必然呈现出世界上最为丰富的聚落景观和文化形态。

此外，动辄数千年的悠久历史和历史上波澜壮阔的人口迁移与融合，又为传统村落打上了深厚文化底蕴和丰富民族特色的烙印。

基于以上几个条件，实际上，文化区系列的传统村落，从一个较为宏观的层面，而非村落本身，更非民居建筑单体，来呈现和传承中国灿烂多姿的乡村文明画卷。

第一辑文化区系列的传统村落板块，除了第一册《中国传统村落概论》综述其概，其余十四册基本上放在特定文化区的概述、物质文化、非物质文化，以及传统村落文化保护与旅游活化这样一个基本结构内阐述。其中绝大多数分册表述的是一个较为连续的地域单元，如中原、江淮、巴蜀、客家等文化区，这些文化区虽然具有基本上一致的身份认同，但具体绘制到地图上时，并非易事。

文化区属于一种人类认知的范畴，不仅难以提出统一准确的判别标准，而且即使有一些参数可供核准，但在不同的审视者眼里得到的评价结果也会存在不同。另外，人口迁移、现代化冲击和民族融合，也客观存在着两种甚至更多的文化融合，出现了一些所谓的文化叠合区域。例如，在讨论青藏高原时，可以把青海与西藏视为一个整体区域，但实际上青海除了藏蒙文化，在接近甘肃和新疆的部分，也还有相当多的西北文化。此外，在中原文化区与黄淮海文化区之间、中原文化区与江淮文化区之间、吴越文化区与徽州文化区之间，也都存在一定程度的文化叠合现象。

一般情况下，文化区应该是连续的地域空间，但也有个别情况比较特殊，一个是藏蒙文化，它是按照藏传佛教的分布特点来组织的，藏传佛教影响区的村落或集镇，都有围绕喇嘛庙而建设的特点，它们在空间上地域非常广大。另一个是滨海文化，它是按照临海居岛的地理特点来组织的，涉及中国一万多公里的海岸线，北面涉及黄渤海，中间是东海，南部是南海，这些绵长的海岸线和有人居住的岛屿上，形成的岛居海厝不仅独具一格，而且同样彰显中国自身的海洋文化。关于这一点，过去的传统村落研究，常常并未加以足够重视。

包括传统村落在内的文化景观具有丰富的多样性，区域多样性是其突出表现之一。这套丛书力图通过对进入官方视野、获得几个部委共同颁布的传统村落体系的乡村聚落为主要探讨对象的分析，来获得社会更加广泛的注意，让更多的机构和社会各阶层关注传统村落的传承和发展，唤起更多的部门和公众研究传统村落传承和发展过程中存在的政策、法规、理念与价值冲突，共同寻求其解决之道，为中国传统村落这一特殊文化景观的保护和长期发展贡献一份自己的力量。

吴必虎

2020 年 12 月 11 日

于北京大学逸夫二楼

目录
CONTENTS

第一章 江淮文化与江淮传统村落 001

第一节　江淮区域概述 / 002
　　一、江淮区域释义 / 002
　　二、江淮自然地理概况 / 005
　　三、江淮历史演变 / 011

第二节　江淮文化概述 / 022
　　一、江淮文化特征 / 023
　　二、江淮文化成因 / 026

第三节　江淮传统村落概述 / 030
　　一、江淮传统村落的发展演变历程 / 031
　　二、江淮传统村落的整体分布情况 / 039
　　三、江淮传统村落的价值 / 043

第二章

江淮西部传统村落 047

第一节　江淮西部传统村落的选址与格局 / 048
　　一、江淮西部的区域特征 / 048
　　二、江淮西部传统村落的空间布局 / 050
　　三、个案研究：以河南信阳新县丁李湾村为例 / 059

第二节　江淮西部传统村落中的古建筑 / 062
　　一、古建筑概况 / 063
　　二、典型古建筑 / 066
　　三、个案研究：以安徽金寨县斗林村李家湾为例 / 084

第三节　江淮西部传统村落里的非物质文化遗产 / 089
　　一、传统戏剧 / 091
　　二、传统音乐 / 094
　　三、传统技艺 / 096
　　四、民间祭祀：邀大岭 / 100

第三章

江淮中部传统村落 103

第一节　江淮中部传统村落的选址与格局 / 104
　　一、江淮中部的区域特征 / 104
　　二、江淮中部传统村落的空间布局 / 108
　　三、个案研究：以安徽巢湖黄麓镇洪疃村为例 / 117

第二节　江淮中部传统村落中的古建筑 / 124
　　一、古建筑概况 / 124
　　二、典型古建筑 / 128
　　三、个案研究：以柘皋、炯炀老街的李氏当铺为例 / 147

第三节 江淮中部传统村落里的非物质文化遗产 / 152
　　一、传统戏剧 / 153
　　二、传统音乐 / 155
　　三、民间文学 / 156

第四章
江淮东部传统村落 159

第一节 江淮东部传统村落的选址与格局 / 160
　　一、江淮东部的区域特征 / 160
　　二、江淮东部传统村落的空间布局 / 167

第二节 江淮东部传统村落中的古建筑 / 175
　　一、古建筑概况 / 175
　　二、典型古建筑 / 176

第三节 江淮东部传统村落里的非物质文化遗产 / 182
　　一、传统戏剧 / 183
　　二、传统音乐 / 184
　　三、传统舞蹈 / 186
　　四、民间文学 / 188
　　五、传统技艺 / 190

第五章
江淮传统村落的保护与活化 193

第一节 江淮传统村落的保护与活化概况 / 195
　　一、传统村落的保护与活化研究现状 / 195
　　二、传统村落的保护与活化探索 / 198

第二节 江淮传统村落保护与活化的实践案例 / 201
　　一、河南信阳西河大湾村 / 201

二、江苏淮安龟山村 / 207

三、江苏南通余西古镇 / 210

参考文献 / 214

附录：江淮传统村落名单 / 217

后记 / 221

中国传统村落
文化抢救与研究
文化区系列

Chinese Traditional Villages

第一章

江淮文化与
江淮传统村落

第一节
江淮区域概述

江淮地区位于中国南北的中间地带，北至淮河，南抵长江，西起桐柏，东到大海，自中华文明诞生以来就是沟通中国南北方的重要通道，同时也是南北文化的汇聚、兼容之所，在中华文明发生发展的过程中具有重要作用。江淮地区的地形地貌由山区、丘陵、平原水乡三大部分所组成，在地理环境以及社会历史发展进程的相互影响作用下，江淮区域形成了独特的历史文化，并且通过目前基本保存完好的传统村落加以体现。江淮传统村落是江淮区域文化的重要载体。

一、江淮区域释义

江淮，顾名思义，指长江与淮河之间的区域。早在先秦时期，中国就产生了"四渎"之说。《尔雅·释水》："江、河、淮、济为四渎。四渎者，发源注海者也。"渎，就是独流入海之意。[1] 很早以前，人们便将这些独流入海的河流作为分割地理区域的疆界线，将中国的中东部分为若干个大的自然地理区域。江淮，不仅仅是自然

---

[1] 东汉班固在《白虎通义》里解释："渎者，浊也。中国垢浊，发源东注海，其功著大，故称渎也。"宋代郑樵在《尔雅注》中说："中原之地诸水所流皆归此四渎，惟此四渎得专达海，故为渎祠也。"

地理概念，同时也是经济区域和文化区域概念，这是在漫长的历史发展过程中逐渐形成的。

"江淮"这一概念，在唐代以前就已经存在，指长江、淮河之间的广大区域，即今安徽、江苏两省的部分地区。隋唐五代是"江淮"概念形成的转折点。进入隋唐时期，"江淮"概念开始频繁出现，尤其是安史之乱以后，其出现频率极高。唐代的"江淮"有广义和狭义之分。广义的"江淮"，是指唐设置"贞观十道"后江南道和淮南道的合称。根据《新唐书》记载，唐贞观元年（627）因山河之便，全国被分为十个监察区，史称"贞观十道"。其中，江南道"东临海，西抵蜀，南极岭，北带江"，淮南道"东临海，西抵汉，南据江，北距淮"。

由此可知，淮南道的辖境大致介于长江与淮河之间；江南道的辖境则非常广袤，大江以南的辽阔地区皆可包括。狭义的"江淮"，通常只包括淮南道的东部地区和江南道的北部地区，并且在自然地理概念之外加上经济地理的概念。当时，狭义的"江淮"自北往南大致包括楚、扬、润、常、苏、宣、湖、杭、越数州，江淮成为当时中国经济文化最发达地区的代名词。

宋代改"道"为"路"，先循唐之"淮南道"，设置"淮南路"，首府在扬州。熙宁五年（1072）又将淮南路划分为淮南东路和淮南西路，东路首府在扬州，西路首府先为寿州，南宋后迁至庐州。淮南东、西两路所管辖的范围主要是长江与淮河之间的区域。元代设置河南江北行省，辖境包括今河南中南部、湖北大部、江苏中北部和安徽中北部。

由于元末长期战乱，江淮地区一片凋敝，十室九空。至明初，朝廷不得不被迫通过大移民的方式来充实发展江淮地区。在行政上，朝廷以直隶京师南京的地区为"直隶",明成祖朱棣迁都北京后,将之改称"南直隶"。此时,江淮地区的社会经济发展已经开始落后于一江之隔的长江以南地区。长江以南地区因为自然条件良好,且远离战乱,自南宋以来一直处于经济繁荣状态,与江淮地区形成鲜明对比。明代中期以后,长江以南的吴越地区开始独称"江南",与江淮彻底分道扬镳。到了清初,朝廷改南直隶为江南省,辖区未变,使得江南省成为将江淮地区囊括在内的大概念。但江南省存在的时间并不长,在康、乾时期又发生了行政区划上的重大变化,即将江南省一分为二。这样,构成"江淮"的主体区域又被一分为二,江淮东部属于江苏,江淮西部基本上属于安徽。

此前,"江淮"地区基本隶属于一个行政区划,直到清初,均未改变:唐代属淮南道,宋代属淮南东西路,元代属河南江北行省,明代属南直隶,清顺治二年(1645)属江南省。康熙六年(1667),因江南省过于庞大,朝廷遂将之一分为二,左、右布政使司分别改为安徽、江苏布政使司,此为安徽、江苏建省之始。两布政使司分家工作持续时间较久,直到乾隆年间才基本分清。乾隆二十五年(1760)之前,安徽布政使一直驻扎在江宁,遥控处理安徽政务。看来网友称南京为"徽京"并非仅为戏谑之语,而是有其历史依据。

今天的江淮主要是指长江、淮河之间的地区。为便于讨论与研究,笔者结合历史发展、地理环境、社会经济、风土民情等各种因素,将江淮定义为西起淮河的源头河南桐柏山,东抵黄海,南北介于长江与淮河之间的广大地域。江淮区域内部按山地、丘陵、平原等地形特征,分为西部大别山区、中部江淮丘陵区和东部平原区三个次级区域;在行政区划上主要包括河南南部、安徽北部和江苏北部的大部分地区,以及湖北东北部的小部分地区。

二、江淮自然地理概况

(一)江淮地理构成

从中国地理大势上看,江淮地区是一个由高山和大江、大河、大海共同构成的带状自然地域,地理界限十分明显,南起长江,北抵淮河,西至桐柏,东到黄海。从行政区划上看,主要包括今天的河南南部、安徽北部和江苏北部等大部分地区,以及湖北省东北部的小部分区域。

1. 江淮地形地貌

江淮的地形地貌复杂多样,既有山地丘陵,也有平原湖沼。地质构造运动的巨大作用,加上江河湖海等自然水系、水体的侵蚀,使区域范围内高山坡地蜿蜒起伏、丘陵冈阜错落有致、平原低地广阔无垠、河湖港汊星罗棋布。

参照地形地貌以及区域的主要水系——淮河的上、中、下游等因素,可以将江淮地区从西至东分为三个部分:西部、中部和东部。

西部为山区,主要是大别山区。经过漫长的地质时期,在断裂和升降等运动形式作用下,逐步形成了以断块山、地垒和断陷盆地为主的大的地貌单元组合。山高坡陡,山地的海拔高度多介于500—1000米之间。地势从大别山中部向南北两侧倾斜,山势逐渐下降,呈现为低山、丘陵地貌,海拔降至500米以下。低山、丘陵和盆地三者相间排列,河谷宽阔,流速减弱,形成了冲积平原,适于耕作。低山、丘陵土壤一般比较深厚,适于林、茶类种植。缓坡地带则适宜种植水稻与旱作。该区域主要包括河南的东南部、湖北的东北部和安徽的西部。

中部为江淮丘陵，沿淮尚有部分平原洼地。江淮丘陵位于大别山以东，淮河南岸平原以南，长江以北，东与江淮平原相连。江淮丘陵岗地属于大别山的余脉，在地壳多次升降运动的影响下，呈现出冈峦起伏、岗冲相间的地貌特征。海拔在50—100米之间，除大片丘陵岗地外，还有若干300米左右的低山，最高为将军山，海拔399米。江淮丘陵主要集中在安徽中部，向东延伸到江苏西部的扬州、金湖等地。分为两列，北列从霍邱南部直到金湖，为江淮分水岭，海拔一般在50—100米之间，也有一些300米以上的；南列从桐城北部直到扬州一带，海拔低处约20米，高处近600米。南列的高处比北列高，但不像北列那样连续。沿淮为洼地和平原，洼地主要分布在淮河中游南岸，是由淮河所挟带的泥沙沉积之后形成的河漫滩低地；阶状平原介于淮南洼地和江淮丘陵岗地之间。另外，在沿淮一带的平原洼地上还有少量丘陵分布，如荆山、涂山和浮山等，尽管海拔不高，但位于平原之上却显突兀，构成了素有淮河"小三峡"之称的峡山口、荆山峡和浮山峡。

东部为平原，包括黄淮冲积平原、里下河洼地及沿海滩涂、长江三角洲等。后来黄河挟带的泥沙在老的淮河三角洲的基础上堆积形成冲积平原，长江挟带的泥沙亦逐渐堆积形成长江三角洲北岸的冲积平原。南宋以后的黄河夺淮入海也对该区域的地理发展产生了重大影响。

2. 江淮的气候

江淮地区属亚热带海洋性季风气候区的北缘，气候温暖湿润，是亚热带和暖温带的分界地段。江淮地区自南向北，气候逐渐呈现出大陆性,也具有南北过渡地带的特性。

在西太平洋副热带高压的影响下,江淮属季风性气候。冬季,副热带高压位于热带洋面,位置偏南,势力较弱,江淮地区基本上被从西伯利亚南下的冷空气控制,寒冷干燥,雨水稀少。春末夏初,副热带高压位置向北移动,使西南暖湿气流与北方南下的冷空气在江淮交汇,形成一条梅雨锋面,使该地区进入一年中的梅雨期。梅雨期大约持续 20 天,之后副热带高压再次向北移动,梅雨期结束,江淮地区与全国大部分地区一样进入了炎炎盛夏。夏季,江淮地区高温多雨,由于季风影响强大,加之海洋、地形和水系等因素,使得江淮地区既降水丰沛、温暖湿润,适合农业生产,同时也容易因降水不均衡,发生旱涝等自然灾害。

3. 江淮的水系

江淮地区的水系非常发达,河湖密布,是我国著名的水网地区。其中,我国第一长河——长江位于江淮的南界,淮河位于其北界,黄海位于其东侧,京杭大运河纵贯其南北。江淮东、中部地区更是河流纵横交错,淮河干支流密集成网;洪泽湖、巢湖、高邮湖、白马湖、瓦埠湖、城西湖等大小数百个湖泊星罗棋布;中华人民共和国成立后兴建的大小水库,数以万计,如南湾、梅山、佛子岭等,共同散布在江淮大地上,构成了一幅鱼米之乡的画卷。

长江和淮河是江淮地区的两大水系,大别山和江淮丘陵是江、淮水系的分水岭。江淮区域内以淮河流域面积最大,水系最发达,支流最多。以江淮西部的河南信阳为例,信阳地处大别山北麓,境内发源自大别山的河流众多,分别汇入长江与淮河。淮河在信阳境内全长 363.5 千米,流域面积占全市流域总面积的 98.2%。淮河支流密集，特别是其南侧支流河短流急，水量丰富，流程在百千米以上的有史河、灌河、浉河、白露河、潢河和竹竿河，均按西南—东北方向汇入淮河。淮河北侧支流多为坡水河道，湾多水浅，流速缓慢，流程多在百千米以下，由西北向东南汇入淮河。淮河支流流域面积在 2000 平方千米以上的有 8 条，100 平方千米以上的有 49 条，其中一级支流 15 条。属长江流域的主要是源于大别山主脊南侧的十几支源头细流，河道陡浅，蜿蜒南流，境内流程总长 83.7 千米，属长江水系的流域面积仅为 1.8%。

（二）江淮自然地理特征

综合江淮地区的地形、气候与水系等自然环境情况，可以总结出江淮地区具有三个特征：1. 江淮地处长江与淮河两大水系之间，地势西高东低。西部为山地，地势较高，中部为丘陵，东部为平原和洼地。2. 江淮地区水网密布，河湖众多。3. 江淮地区处在中国气候和植被的过渡带上，气候温暖湿润，降雨充沛，四季分明，植被繁茂，物产丰富。在气候分区上，秦岭—淮河是我国亚热带和暖温带的分界线，也是亚湿润和湿润区的分界线。这一线的年等降雨量相当于 800 毫米，自此向南逐步递增，过了长江达到 1000—1500 毫米，是典型的湿润区，雨量丰沛。秦岭—淮河也是我国南北方的分界线，这种独特的地理位置使江淮地区在自然环境方面也表现出明显的过渡性质，气候差异明显，由温暖湿润的亚热带向半湿润的暖温带过渡，由此带来的南北自然景观，包括植被、土壤、农作物等都迥然不同。以土壤为例，由东南山地丘陵黄红壤地带向黄淮平原棕壤地带过渡。《周礼·考工记》所谓"橘逾淮而北为枳"，就是指橘类作物北移后因环境不同而引起的品种变异。明代学者谢肇淛说："淮之视江、河、汉，大小悬绝，而与之并列者，经其界南北而别江河也。"① 而江淮地区就处于南北不同气候的过渡地带。

在这样的自然地理因素作用和影响下，数千年来，生活在江淮地区的人们的历史活动亦呈现出三个显著的特点：

第一，江淮地区是中国南北之间自然与人文流动的廊道，整个江淮区域的发展史就是中国南北多元文化交融的历史。江淮地区不仅在物候上为南北过渡地带，动植物种类非常丰富，而且因交通便利，还是中国文化的南北交融地带。除江淮西部大别山区交通不便外，中部和东部自古以来就是中国南北交通的通道。江淮丘陵一带，其间有以东淝河、南淝河和合肥为中心的狭长的蜂腰地段，是古代南北交通的要道。该地段南端的巢湖、芜湖一带在历史上被称为"吴头楚尾"，是古代吴楚两大区域的分界。江淮丘陵以南则为长江沿江平原，除少量低山丘陵外，一般地势低平、湖沼密布；以东则为江淮下游三角洲地带，其间河湖众多，是航运的理想地段，早在春秋时期就已开发的邗沟，沟通长江与淮水，是江淮间又一条南北交通要道。从原始社会开始，江淮地区就表现出了多元文化交汇融合、典型过渡地带的文化特征，成为中国南北文化的交汇与拉锯之所。三四千年来，江淮地区是一个典型的不断重建的移民区，自北而南，自南而北，被每一个移民浪潮所波动。移民之间互相适应、互相包容，熔铸南北文化于一炉，创造出不同凡响的经济和文化。

第二，江淮东部海陆变化显著。在自然和人类的多重作用下，江淮东部一直处于变化中，海岸线不断向东推进。远古时期，江淮

---

① 谢肇淛《五杂俎·卷三·地部》。

东部还是一片汪洋大海，今天的淮安—扬州一线曾是海岸，其后随着长江和黄河向东推进，淮河发育形成，此后长江、淮河口的泥沙又通过持续堆积而逐渐形成长江、淮河两个三角洲平原，介于二者之间的海湾被沙岗所封闭，闭合后围成的潟湖形成今日的里下河浅洼平原。黄河夺淮后，带来的泥沙在江淮东部沿海一带淤积成今日的滨海平原，海拔仅为2—4米，成陆时间不过数百年，直至今天，陆地仍不断地从海中延伸出来。

第三，江淮地区因黄河、淮河、运河汇聚导致水系人工化。和我国其他自然区域不同，虽然江淮地区也有天然水道系统，但已被尽数改造，呈现出人工化的特点。江淮地区有中国最早、最发达的运河交通体系。公元前486年吴国开凿邗沟，此后经历代不断改修，形成今日沟通南北的大运河。安徽中部地区也曾开挖过运河，但是很快就淤塞，成为历史之陈迹。大运河的开凿与维护，也就成为江淮水系人为改造的起点。从12世纪30年代起，素有善淤、善决特点的黄河在南宋后南流合淮入海，黄河南泛夺淮入海达700年之久。为了确保运河畅通，明清两代均采取"筑堤束水"的治水方针，加固加高河道堤防成了治河的主要措施。于是黄淮交汇的两淮一带，是黄河下游河道的最险要处，常决口为灾。全国第四大淡水湖洪泽湖就是因河水倒灌在黄淮交汇口以西地区而积聚起来的浩渺巨浸。黄河挟带的巨量泥沙又堵塞了原来的淮河入海通道，1851年，淮河冲决洪泽湖大堤，淮河沿运河进入长江，被迫成为长江的一条支流。黄河两岸河堤高仰，致使沂水、沭水、泗水等众多自北入淮的河流无法注入，在苏北大地上泛滥，完全改变了江淮东部原来的地形地貌。硕项湖、射阳湖淤塞成为沼泽湿地，洪泽湖、高邮湖等人工水库却代之而起。在这700多年里，江淮地区的天然水系发生了巨大变化。中华人民共和国成立后，国家又进行了大规模的淮河治理工作，再次改造了淮河原有的水道系统。在今天的江淮地区，已经难觅天然水道的痕迹了。

三、江淮历史演变

（一）先秦以前的江淮

1. 史前文明时期的江淮

尽管春秋以前，"江淮"一词尚未见诸历史文献，但江淮地区因气候湿润、自然生态复杂多样，早在原始时期就已成为人类繁衍生息的理想之地。随着考古发掘不断深入，在区域内发现的史前文化类型繁多、分布广泛，主要有距今5000—7000年，位于江苏高邮的龙虬庄文化，以及距今约5500—6000年的南通海安青墩文化。通过对高邮龙虬庄遗址的发掘，证实了当时在江淮流域生活着一支文化面貌独特、文化系列完整的原始部落，其受到南方良渚文化的影响很大。在距今4000—5000年前，江淮南部出现了良渚文化的分布区，江苏兴化的蒋庄遗址即为长江以北的大型良渚文化聚落，在蒋庄遗址发现了随葬的玉琮、玉璧等高等级玉质礼器。这些充分反映了原始时期江淮地区人们的物质文化和精神文化已经达到了很高的水平。

另外，在江淮东部的淮安等地发现了距今约7000年的青莲岗文化遗址；在江淮北部淮河南岸的信阳、潢川、霍邱、寿县、定远、明光、滁州等地发现了距今4000多年的龙山文化遗址；在江淮西部的大别山区发现了距今4000多年的屈家岭文化；在扬州、六合、合肥一带还发现了一些与江南以南地区同一类型的原始文化遗址。很明显，青莲岗、龙山文化是从北向南推进的，屈家岭文化是自西向东发展而来的，而江南的原始文化则由宁镇地区渡江向北延伸。由此可见，从原始社会开始，江淮地区已是多元文化交汇融合的地方。

2. 夏商周时期的江淮

夏禹时期，大禹治水的重要任务之一就是对淮河进行治理。在治水过程中，"禹娶涂山氏女"，与生活在淮河中游一带的涂山氏部落结成联盟。根据先秦文献记载，禹在涂山大会天下，形成了"禹合诸侯于涂山，执玉帛者万国"的盛况。考古发掘已经证实了大禹治理淮河活动的存在，至今涂山脚下还有禹会村。夏朝之后的商周时期，位于黄河中下游一带的中央王朝势力强盛，位于淮河流域的诸方国，如淮夷、徐、六等方国与商周王朝之间冲突不断。商周王朝屡次征伐位于淮河中下游地区的淮夷各部，主要目的是向东南地区扩张，夺取铜矿资源，获取冶铜技术。如商纣王曾大肆对淮河流域的东夷部落用兵，穷兵黩武，损耗了大量的人力物力，给周武王灭商提供了机会。《左传》谓之"纣克东夷而殒其身"。

周王朝建立后，江淮地区与中原之间的冲突加剧，这也是新的交流与融合。周人灭商以后，为巩固统治，大封诸侯，除分封同姓贵族和功臣外，还分封了大量的前代圣贤后裔，对各地土著族群亦予以封爵认可。当时淮河流域的诸侯国数量是最多的，既有鲁、陈、蔡等这样的大国，也有息、蒋、许、薛、滕、郑、徐之类的中等诸侯，更多的则是如赖、蓼、应、沈、道、顿、茅、江、黄、养、钟离、郯、六、英、巢、桐、群舒、邾、邳、弦、项、柏、萧这样的小国或附庸之国。但是，这些诸侯国主要集中在周人力量较强的淮河上游地区，而淮河中下游则较少，中下游地区仍然是淮夷和东夷的核心统治区，他们并不驯服，保持着自身的独立。在此后的数百年间，东夷和淮夷各部从来没有停止过对抗周王室的活动，而周王室对淮河流域的军事征伐也从未间断过。故在以中原文化为主导的话语体系中，在提到淮河及淮河部族时，不仅都是以"夷"的形象出现，而且均与军事征伐联系在一起。对此，史书和青铜器上的铭文多有记述，《诗经》里许多诗歌也都记载了周王朝对淮河流域的军事活动，如《大雅·江汉》记叙了召伯平定淮夷，受到周宣王赏赐之事，"匪安匪游，淮夷来求"；《大雅·常武》记述了周王亲自率兵征讨徐国之事，"截彼淮浦，王师之所……四方既平，徐方来庭"。到了春秋中后期，随着周王室日渐衰微，对淮夷的军事征伐则更多由鲁、楚、齐、吴、越等诸侯国中的强者主导，《诗经·鲁颂》的《泮水》篇和《閟宫》篇都反映了鲁国征讨淮夷的历史。江淮此时已成为南北文化冲突、交流和融合的必经区域。

"江淮"之称首度出现是在春秋末期。据相关学者研究，春秋以前，历史文献未见"江淮"一词。公元前486年，吴王夫差为北上中原争霸，在今江苏扬州西筑邗城，并利用自然湖泊，开挖运河，沟通长江与淮河，从末口（今江苏淮安）入淮，以便其水军北上。这就是中国最早的运河——邗沟。《左传·哀公九年》中记其事说："吴城邗，沟通江淮。"这里首次出现了"江淮"一词，但此处的"江淮"仅是长江与淮河的合称，并不是地域名称，更非地理区划。不过，当这一合称出现以后，就被官私文献纷纷引用，渐渐成为约定俗成的地理概念。《史记》和《汉书》中均多次出现"江淮"之表述，此时，"江淮"一词已经具有地域界限的意义，成为"江淮之间"的简称,"江淮"遂演变为一个特定的概念。

3. 楚国对江淮地区的扩张

春秋战国时期,楚国利用地理上的便利,成功将势力范围扩张至整个江淮地区。

春秋后期,诸侯争霸,群雄并起,竞相扩张,大国吞并小国成为常态,兴灭继绝成为常势,诸侯国数量急剧减少。其中,以楚国最具代表性,其在吞并江淮地区的众多小国之后,将整个江淮地区尽数纳入自己的势力范围。楚国是一个较为特殊的诸侯国,幅员辽阔,人口众多,地处荆蛮,民风强悍,其文化与中原诸国不同,藐视王室,在各诸侯国中敢于率先问鼎中原,对周天子时而臣服,时而挑衅。楚国从楚武王开始向外扩张,首先攻灭随国等汉水流域的一些姬姓小国,自称楚王。楚文王时,楚国的势力已经向北发展到淮河流域,与中原各国发生碰撞。公元前632年,晋楚两国发生了著名的城濮之战,楚军大败,不得不敛其锋芒,多年不犯中原。但这并不意味着楚国放弃了称霸图强,楚成王只是调整了策略,转而向东扩张。楚穆王继位后,越过大别山,进军江淮。江淮间的淮夷诸国毫无抵抗能力,很快,淮河上游的江、六、蓼、庸、巢及群舒等小国尽数被楚国吞并,江淮西部成为楚国的势力范围,楚庄王成为春秋五霸之一。楚国令尹孙叔敖又命人在淮河中游建造芍陂,促进了淮南地区经济的发展。而此时吴国逐渐兴起,开始了与楚国在淮河一带的反复争夺。由于楚庄王之后楚国长期陷于内乱,致使其在吴楚争霸中不断丧师失地,连郢都(今湖北荆州)也被吴国攻破。但吴国很快却为越国所灭,楚国得以卷土重来。

到了战国后期楚怀王统治之时,楚国已经占有两淮与吴越之地，其疆域范围已由江汉平原向东扩展至大海，将今天的河南东南部、安徽北部、山东南部、江西北部和江苏、浙江都囊括在内，整个淮河流域尽在楚国占领之下，楚国一度成为战国时期最为强盛的国家。然而，楚怀王对内任用奸佞，对外误判形势，贪占蝇头小利，致使一再被秦国玩弄于股掌，甚至最后被扣，死于秦国。此后，楚国的势力江河日下。公元前278年，秦将白起大破楚军，攻下楚都郢，楚顷襄王被迫东迁，都于陈（今河南淮阳），楚国遂以此为中心，全力经营淮河流域。公元前256年，楚国兴兵攻灭鲁国，改为兰陵郡。公元前241年，楚国又迁都寿春，改称为郢。淮河中游成为楚国的中心，楚国希望能够依托江淮地区丰富的资源与秦国继续抗衡，还联合了中原诸国一起合纵攻秦，无奈大势已去，秦国独霸天下已成必然。公元前223年，秦将王翦率60万大军灭楚，楚王被俘，楚国灭亡。两年后，秦国一统天下。中国历史随之翻开了新的一页，进入了大一统的中央集权统治时期。

（二）封建大一统时期的江淮

进入大一统时期后，江淮地区扮演的角色前后不同，其发展主要受两大因素的影响，一是战争，由于江淮地处南北交汇带，在分裂时期则是干戈扰攘，战事不断；二是交通，由于封建社会前期，江淮地区距离长安、洛阳等全国政治、经济中心较远，交通不便，属于边缘地区，但隋开大运河，交通天下后，江淮地区逐渐发展成为国家的核心区域。

1. 秦汉时期的江淮

秦汉时期，由于都城设在长安、洛阳等地，而江淮地区位于东南边陲，远离国家的政治、经济中心，天下无事之时，其默默发展；天下有事时，其则为干戈扰攘之地。

公元前223年，秦攻灭楚国以后，占据了江淮地区。公元前221年，秦始皇统一中国，分天下为三十六郡，实行郡县两级地方行政统治。江淮西部属九江郡，东部则为东海郡。

刘邦建立西汉王朝后，将郡县制和分封制相结合，使秦朝纯粹的郡县二级制演变成了汉代的郡国并行制，郡县与诸侯国并存。由于江淮地区地处偏远，同时富有鱼盐之利，故西汉王朝在江淮一带先后设置了众多封国，将刘氏宗室子弟分封于此，有楚国、吴国、广陵国、六安国、淮南国等。但数代以后，因地处偏远，诸侯王易生不臣之心，叛乱始作，西汉时"吴楚七国之乱"的主要参与者大都位于江淮地区，东汉时又有楚王刘英等谋反。

汉代，江淮地区郡国并存，郡级行政建制有九江郡、庐江郡、临淮郡。东汉改广陵国为广陵郡，建武十三年（37），撤销六安国，并入庐江郡。永平十五年（72），改临淮郡为下邳国。

为了加强对地方的控制，汉武帝元封五年（前106）还实行了刺史监察制，除京师外，参酌古代九州的划分，将天下划分为十三个监察区域，即冀州、兖州、青州、徐州、扬州、荆州、豫州、凉州、益州、幽州、并州十一州，朔方和交趾二部，委派刺史，合称为十三刺史部州。东汉以后逐渐演化为地方行政区划，东汉灵帝又改称刺史为州牧，掌管州中所有军政权力，州下辖郡县，州成为郡以上的一级行政建制。其中，扬州刺史部管辖范围是淮河以南的广大区域，江淮之间和长江以南均隶属于扬州。但扬州刺史并无固定的治所，先后设治于历阳（今安徽和县）、寿春（今安徽寿县）、合肥等地。

2. 三国两晋南北朝时期的江淮

东汉末年，天下大乱，各州州牧纷纷称雄一方，军阀割据，此后群雄角逐，终成魏、蜀、吴三国鼎立之局面。其中，江淮地区被魏、吴势力所分治，曹魏控制江淮的北部和东部，孙吴势力范围则集中于安徽中部巢湖一带，双方为了争夺江淮地区，互为攻防，多次展开激烈的交战。为了控制江淮地区，魏、吴各置扬州，曹魏的扬州治所在寿春，孙吴的扬州治所则设于建邺（今江苏南京）。

西晋灭吴，短暂统一了中国，因江淮地区面积辽阔、战略地位重要，朝廷对扬州政区进行调整，缩小其管辖范围，以豫州统安丰郡、汝阴郡，徐州统广陵郡、临淮国，扬州统淮南郡、庐江郡。扬州治所仍在建邺。由于西晋统治者的昏庸和内部争权夺利，加之北方游牧民族南下，导致晋室东渡，东晋政权建立。随着中原战乱，北方士家大族举族南下，有相当多的人口停留在江淮一带。为了安置流民，充实江淮，当时东晋和南朝在江淮地区均广为侨置州郡，州、郡、县各级行政建制冗杂混乱。

3. 隋唐宋时期的江淮

隋唐宋时期，随着经济重心日趋南移，以及全国性运河网络的形成，江淮地区获得了前所未有的快速发展，被视为"国命所系"。江淮成为当时中国经济文化最发达地区的代名词，时人多有"天下赋税仰仗江淮""江淮自古为天下富庶之区也"等溢美之语。不过此时的江淮有广义、狭义之分，广义上的江淮泛指淮河以南的江淮流域，没有明确的地理界限，范围大致包括今天的长江与淮河之间以及皖南、苏南、浙北一带。因为唐朝时在此设江南道、淮南道，故统称江淮。狭义上的江淮仍是长江与淮河之间的带状区域。

隋朝统一以后，高度重视江淮地区的发展，改革南北朝以来混乱的地方行政建制，并撤销滥置的州、郡、县，由汉魏以来的州、郡、县三级改为州、县两级，后又改为郡、县两级。在江淮地区，先后有庐州庐江郡、熙州同安郡、濠州钟离郡、扬州江都郡、寿州淮南郡、和州历阳郡之名称互易。

隋朝统治者为了控制全国，特别是加强对南方地区的控制，不惜耗费民力，数年间开凿通济渠、永济渠、邗沟和江南河，形成了以洛阳为中心的全国性运河网络体系。运河的开挖，进一步加强了江淮地区在沟通南北方面所具有的战略地位，同时对于江淮地区自身的发展亦起到很大作用。

但由于隋朝统治者急于求成，滥用民力，于是民怨沸腾，叛乱四起。当时隋炀帝非常看重扬州的战略地位，以其为陪都，曾率文武百官前往扬州，最后隋炀帝亦身死于此。

唐朝建立后，继承隋制，改郡为州，以州统县，又对江淮地区的行政区划进行调整，主要是对扬州进行了分割，先将其西部析出，置滁州；又将其北部划出，置楚州。

唐初，州的数量多达300个，不利于管理和控制，故唐太宗贞观元年（627），将天下划分为十个监察区域，即"贞观十道"，玄宗时增为十六道，称"开元十六道"。江淮地区属淮南道，前后如一。淮南道"东临海，西抵汉，南据江，北距淮"，和今天的江淮区域高度叠合，治所设在扬州，统辖濠州、寿州、光州、申州、扬州、楚州、滁州、和州、庐州、舒州、黄州、安州、蕲州、沔州等，相当于今天的江苏中部、安徽中部、湖北东北与河南东南等。

755年,安史之乱爆发,李唐王朝耗尽全部国力,历时8年,才将叛乱镇压下去。因战乱主要发生在中原一带,故原本十分发达的黄河流域残破不已,已经无力支撑对朝廷的供应,加之藩镇割据现象严重,而此时江淮地区的经济已获得相当发展,既有漕盐之利,又有运河水运,所以江淮财赋就成为唐代中期以后朝廷的经济支柱,被视为"国命所系"。权德舆在《论江淮水灾上疏》中称"赋取所资,漕挽所出,军国大计,仰于江淮",杜牧则称"今天下以江淮为国命",可见当时江淮地区已经成为天下的经济中心。

907年唐朝灭亡后,曾经出现过一个短暂的分裂时期,即五代十国。唐亡前,各路军阀为争夺江淮地区的控制权已经展开混战。897年,当时实力最强的朱温遣军八万讨伐杨行密,双方在清口展开大战,杨行密以三万人马,借淮水之力,大败朱温。此战不仅改变了双方在淮河的攻防态势,而且决定了其后江淮地区的控制权。故江淮地区先为杨吴政权所有,置有江都府及楚州、濠州、滁州、和州、寿州、庐州、舒州。后杨吴为南唐所嬗替,南唐以天长县置建武军(天长军),海陵制置院设于泰州。958年,后周在占据原属南唐的淮南之地后,设置静海军,即今江苏南通。

北宋统一后,仿照唐朝设道之遗意,在州、县之上又设路,用以监察和分权。后来,路演变成一级行政区。北宋时,分全国为二十三路,江淮地区的主体分属淮南东路和淮南西路,信阳军则属京西北路。宋太祖非常看重江淮漕运对于国家的意义,特别是汴河与邗沟相连,"漕引江湖半天下财赋,并山泽百货悉由此路而进"。随着江淮地区的发展,北宋时,朝廷对许多重要行政建制都进行了升级,如扬州府高邮县升为高邮军、庐州巢县无为镇升为无为军、寿州寿春府六安县升为六安军等,扬州永贞县的迎銮镇先升为建安军,后又升为真州;静海军亦于1116年升置通州。金兵南下,北宋灭亡,金国与南宋以淮河中游为界进行对峙。江淮地区属南宋,仍分属淮南东路和淮南西路。此时的江淮地区更多是作为宋金之间的战略缓冲地带,战事不断,区域社会发展停滞。

4. 元明清时期的江淮

元明清时期的江淮地区因政治、经济、交通等因素成为国家的核心地区,值得注意的是,由于受战乱及黄淮水患的影响,江淮地区的经济发展开始明显落后于长江以南,但淮安、扬州等区域中心城市因运河漕运、黄河治理、淮盐生产与运输等原因仍然相当繁盛。另外在清初,江苏与安徽两省分治,这些都对江淮地区发展产生了很大的影响。

蒙古族在征服中原的过程中,创设了行省制度,被沿用至今。元朝于全国设立十大行省,行省下设路或府,其下再设州、县,从而使行省成为地方最高级别的行政建制,而地方行政层级被增加至四级。1278年,江淮地区属江淮行省,囊括了淮河以南直至福建等在内的广大地域;1291年又进行调整,设置河南江北行省,原江淮行省改称江浙行省,管辖长江以南,而传统意义上的江淮区域归属河南江北行省。河南江北行省的设置主要着眼点在军事方面,其辖境从西向东,包括黄河中下游和长江中下游之间的广大地区,徐州、淮安、扬州、寿春、安庆、襄阳等兵家必争之地尽数在内,"南控江淮,西倚崤函,东掖海岱,以辅承京师"。但蒙古贵族昏庸,实行民族压迫政策,吏治腐败,横征暴敛,民不聊生,从1351年开始,以韩山童、刘福通为代表的红巾军大起义爆发。随即整个江淮地区遍地燃起反元烽火，江淮西部的蕲、黄一带有徐寿辉、彭莹玉，东部有泰州张士诚等部。后来，在反元过程中，各派力量相互混战角逐，这些战事大都在江淮地区展开，江淮地区因之而生灵涂炭。最终，出生于江淮中部濠州的朱元璋拔得头筹，歼灭各派力量，在1368年以应天府（今江苏南京）为都建立明王朝。

明太祖朱元璋又在元朝基础上对地方行政体制进行改革，以京城和中都凤阳为核心，把周围地区划入作为直隶区，1421年，明成祖朱棣迁都北京后改称南直隶，另外设置十三个布政使司取代元朝的行省政权，其下设府或州、县两级。江淮东部和中部的淮安、扬州、庐州、安庆、凤阳五府及和、滁二州被纳入南直隶管辖，江淮西部的府县则分属河南和湖广两布政使司。

1644年，清朝统治者入关后迅速确立了对全国的统治，以北京为京师，废南直隶，改称江南省，南京改称江宁作为省会，并置左、右布政使统领全省事务。其中，位于江淮地区的淮安、扬州、安庆、庐州、凤阳五府及徐州、和州、滁州三个直隶州属左布政使司。由于江南省面积辽阔、人口众多，为财赋重地，故清朝统治者于康熙六年（1667）将其分割为两省，位于西部者以安庆、徽州称安徽省，位于东部者以江宁、苏州称江苏省。自此，江淮地区的中部和东部遂分属安徽和江苏两省。

清朝安徽省所辖的江淮中部主要包括庐州、安庆和凤阳三府，以及滁州、和州、六安州和泗州等四个直隶州。从乾隆二十五年（1760）起，以安庆为省会。江苏省所辖的江淮东部主要包括淮安、扬州二府及通州。河南省所辖的江淮西部主要包括汝宁府的信阳州、光州直隶州和罗山县。另外，尚有湖北省黄州所属之麻城、罗田、蕲州、黄梅等地亦同为江淮西部。

纵观自秦统一中国后的江淮地区的历史演变过程，可以发现，一方面，江淮地区伴随着大一统帝国的发展而发展，逐渐由国家的边陲地区嬗变为核心地区，可谓与封建王朝共命运；另一方面，江淮地区亦有自身发展的规律，其位于中国的南北交汇地带，战争和交通两大因素在一定程度上决定着区域发展的兴盛与衰败。

第二节
江淮文化概述

江淮区域文化是在江淮自然地理环境基础上，结合交通区位、历史、文化传统与社会发展等因素，经过长期的社会生活而逐渐形成的，是具有明显区域特征的文化。

在中国，地方性差异最显著者莫过于南北之别，而淮河流域恰好就是中国南北的过渡地带，兼具南北方的特点。秦岭—淮河是中国南北方的分界线，南北自然景观、物候、植被都有区别，所谓"橘逾淮而北为枳"。同时，在淮河流域发掘出土的大量原始文化遗址也表明，这一地区不仅是自然的过渡地带，也是各种原始文化的交汇区。到了春秋战国时期，中原文化南下，南方的楚文化、吴文化向北传播，多元文化在此聚集融合，经过多年的发展，逐渐形成了与中国南、北文化相迥异的江淮文化。在此基础上形成的区域性亦具有独特性，千百年来，深刻地影响着江淮区域社会的发展。

第一章 | 江淮文化与江淮传统村落

一、江淮文化特征

总体上，江淮文化表现为尚武强悍、善商贾、尚鬼好祀三个基本特征。

（一）尚武强悍

与其他地区相比，江淮文化较为复杂，很难用单一词语来加以概括。它在一定程度上是南北方文化的融合，既尚武、强悍，也不乏温和、柔顺等。在江淮地区内部，又分为西部、中部和东部三个次级区域，因此还存在着一种愈北愈刚毅、愈南愈柔顺的变化趋势。

江淮文化的形成始于先秦。春秋以前，江淮区域范围内小国林立，在竞逐争战的历史进程中，不同国家之间的文化相互交流，多种地域文化在这里融通整合，江淮文化就是在此基础上逐渐形成的。从春秋后期开始，楚国逐步向东发展，至战国时江淮地区则尽为楚地，有南楚、西楚和东楚之分。楚地之兵勇猛强悍，有"剽疾""剽轻"之谓。剽者，勇悍轻捷也。司马迁眼中的西楚是"夫自淮北沛、陈、汝南、南郡，此西楚也。其俗剽轻，易发怒，地薄，寡于集聚"。[①]《资治通鉴》中提及隋朝末年的王世充，其士卒来自江淮，剽勇善战，"并力死战，楚兵剽锐，未易当也"。[②] 这些记录都充分反映出江淮古代文化的特点，即勇猛强悍、敢于反抗、不畏强暴、易于动怒、轻浮草率等。西楚霸王项羽，可谓集中体现了上述特点。

---

① 司马迁《史记·货殖列传》。
② 司马光《资治通鉴·唐高祖武德四年》。

东晋学者伏滔著有《正淮论》,他指出,淮南寿阳一带叛服兴替无常,与淮南剽勇强悍的地域文化有极大的关系,"其俗尚气力而多勇悍,其人习战争而贵诈伪"。①

江淮文化中尚武强悍的特性与其作为四战之地的历史有直接关系。在长期的历史发展中,每当天下有事,江淮地区必受其害,干戈扰攘,成为各方势力争夺的焦点,正如杜佑所言:"每王纲解纽,宇内分崩,江淮滨海,地非形势,得之与失,未必轻重,故不暇先争。然长淮大江,皆可拒守。"正是这一独特的地理历史因素塑造了江淮尚武强悍的文化特征。

(二)善商贾

江淮文化中还包括"气宽舒""性轻扬"的部分,其外在行为表现就是善商贾。由于地处南北交通要道,加上以大运河为代表的便利水运,江淮东部的运河沿线民众凭借优越的交通运输条件形成了"善商贾""气宽舒""性轻扬"的生活习性。

《宋史》称:"淮南东、西路……土壤膏沃,有茶、盐、丝、帛之利。人性轻扬,善商贾,廛里饶富,多高赀之家。扬、寿皆为巨镇,而真州当运路之要,符离、谯、亳、临淮、朐山皆便水运,而隶淮服。"

由于商业的繁荣,江淮东部的淮扬一带盛行奢靡之风。扬州因有茶盐丝帛之利,商业繁盛,故多商贾富豪,"士浮而俗伪,民性

---

① 房玄龄《晋书·文苑传》。

轻扬"①"四方商贾陈肆其间，易与王者埒……妇人无事，居恒修冶容，斗巧妆，镂金玉为首饰，杂以明珠翠羽。被服绮绣，其侈丽极矣""其民多嗜利，好宴游，征歌逐妓，袨衣媮食，以相夸耀"。②淮安民风原本淳厚，然而随着商业的发展，"豪右竞势逐利，以财力侈靡相雄长，细民争趋末利，虽文物盛于前，而淳厚之风少衰"③。及至明清，淮安成为运河中枢，漕盐繁盛，"两淮当南北之中，幅员数千里，水陆都会，舟车辐辏，四方豪商大贾鳞集麇至，侨户寄居者不下数十万"④，商业气息更盛。

（三）尚鬼好祀

江淮地区还有"尚鬼好祀"的习俗信仰和文化传统。国家有国家的祀典，民间也普遍存在着各种各样的祭祀活动，表达着各地民众的思想信仰和文化诉求。江淮地区"尚鬼好祀"的习俗信仰可以一直追溯至史前文化时期，在江淮东部的淮安青莲岗、高邮龙虬庄和海安青墩三个史前遗址中都发现了刻画着八卦图案的彩陶、鹿角、鹿骨，这些八卦图案透露出一个非常重要的历史信息，说明早在史前时期，生活在江淮地区的族群就开始用八卦来占筮，这些纹饰图案可能是巫师举行筮法的遗存，也是当地巫鬼信仰的重要表达方式。

江淮地区"尚鬼好祀"的习俗信仰是一以贯之的，进入文明时代以来，相关的文献史籍对此多有载述。如大禹治水的传说，淮涡水神巫支祁的神话等在淮河地区非常盛行，这种尚鬼好祀的习俗

---

① 嘉庆《江都县志》。
② 嘉庆《扬州府志》。
③④ 乾隆《淮安府志》。

既是对史前文化传统的继承，也与楚文化的东渐密不可分。楚国是一个巫风极盛的南方大国，这在《楚辞》中有生动的反映。春秋中期之后，楚人东进北上，将其统治扩展到江淮之后，楚文化成为江淮地区的主导文化，自然大大地强化和稳固了当地尚鬼好祀的风俗传统。秦汉以来，虽然中央推行"书同文，车同轨，行同伦"的文化统一政策，但在江淮地区，作为民间信仰的尚鬼好祀习俗一仍其旧，并未发生任何变化。唐人杜佑指出："扬州人性轻扬，而尚鬼好祀。"隋唐以来，江淮地区出现了多种民间信仰，其中以水神灵信仰最为典型。江淮地区水系发达，湖泊众多，水网密集，运河贯穿南北，特别是淮河下游更是成为明清两朝全国的漕运、河工汇聚之所，再加之黄河南泛，夺淮入海，此后淮河流域水患严重，这种特殊的地理环境使得当地的水神灵信仰和祭祀不仅发达，而且具有浓郁的地方特色。江淮地区的水神灵信仰与一般意义上农业社会的祈求风调雨顺不同，更多的是一种水利信仰和与之密切相关的人格神崇拜。所以，江淮地区的水神灵信仰也是中国传统信仰体系中颇具独特性的部分。

二、江淮文化成因

区域文化是一个区域内的集体心理文化性格，具有普遍性、历时性等特点。那么，为什么在江淮地区会形成以"尚武强悍"为主，同时"善商贾"与"尚鬼好祀"的共同心理文化性格？从江淮地区的地理环境与历史发展来看，除了其他一般性的因素外，主要有三大要素在深刻地塑造着江淮区域文化，即位居中国的南北过渡地带之地理交通因素、中国历史上最著名的战争频发区之军事因素、黄河夺淮入海后带来的巨大自然灾害因素。

（一）江淮地区是中国自然和人文的南北过渡地带，运河沟通南北

江淮地区地处黄河和长江两大流域之间，地势西高东低。这里历来就是中国南北之间自然与人文流动的廊道。江淮地区不仅在物候上为南北之过渡地带，动植物种类非常丰富，是南北物种交汇之所，而且因交通之便利，在人文上还是中国文化的南北交融地带。

春秋时期就已开发的邗沟水运，沟通长江与淮水，是中国最主要的南北交通要道。特别是隋朝建立后，开凿了以洛阳为中心的全国性运河网络体系，奠定了其后唐宋繁盛的基础。元明清时期，政治中心北移，大运河在确保朝廷物资供应方面的作用更是无与伦比。"吴舸越艘，燕商楚贾，珍奇重货，岁出而时至，谈笑自若，视为坦途。"① 每年运送四百万石漕粮以及其他大量物资，是贯通中国东部地区南北交通的大动脉，具有极其重要的政治、经济、社会和文化等方面的作用。

（二）江淮地区是中国历史上战争最为频繁的区域

历史上，中国属于战乱较多的国家，但战争的激烈程度、持续时间和所涉及的地域广大程度等却差别很大，其中以游牧民族大规模南下和统治集团内部分裂所引发的战争波及范围最大，如南北朝

---

① 张萱《西园闻见录》。

时期、五代十国时期、宋金对峙等。中国自秦汉以来，由于自然条件以及社会政治、经济等方面的差异，逐渐形成了南北两大区域，黄河流域为国家政治、经济和文化中心，而长江中下游地区则从三国以后逐渐发展成为次级中心。每当统一政权出现危机时，南方势力便乘机崛起，往往形成南北对峙的政治格局。江淮地区因地处长江与黄河两大流域的中间地带，必然是双方争夺角逐的关键，因而成为中国历史上战争波及频次最高的区域，而且持续时间长，甚至达数百年之久，直到一方彻底战胜另一方，根本上结束南北对峙局面，江淮人民才能脱离苦海。

自古及今，江淮地区的军事重要性是得到所有政治家和军事家公认的，翻开史书，自西向东，北有沿淮的信阳、寿春、濠州、钟离、盱眙、淮阴等，南有沿江的安庆、庐州、历阳、滁州、扬州等，还有六安、巢湖、高邮等，这些城市大都被赋予了"要害"或"门户"等战略地位。在南北对峙的情况下，一般来说，因为南方要弱于北方，故战略上总是呈现出北攻南守的态势，南方处于防御状态。对于南方而言，淮河与长江相表里，"江南以江淮为险，而守江莫如守淮。自淮而东，以楚、泗、广陵为之表，则京口、秣陵得以遮蔽。自淮而西，以寿阳、历阳为之表，则建康、姑孰得以遮蔽。长江以限南北，而长淮又所以蔽长江也。又淮之东，根本在广陵，而山阳、盱眙为门户。淮之西重镇在合肥，而钟离、寿春为扞蔽"①。顾祖禹在《读史方舆纪要》中说"江南以江淮为险，而守江莫如守淮。南得淮则足以拒北，北得淮则南不可复保矣"。江淮地区在中国的整个大战略格局中处于非常关键的地位，既是四战之地，更是

---

① 董恂《楚漕江程》。

南北政权对峙的分界线。

连绵不断的战争既给江淮百姓的生命财产造成了巨大损失，同时也使江淮百姓养成了刚毅强悍的性格。既然战乱降临成为宿命，无法躲避，便只能直面应对。身处乱世，强悍勇武是最合适的生存之道。

（三）黄河夺淮带来的自然灾害

江淮地区原本拥有非常优越的自然条件，在1128年黄河北徙夺淮前，淮河原本河道深广，独流入海，交通灌溉之利甲于全国，这时江淮百姓的生存环境堪称乐土，司马迁谓之为"饭稻羹鱼""果隋蠃蛤""地埶饶食，无饥馑之患"。①

自南宋建炎二年（1128）黄河夺淮之后，江淮中、东部的地理环境发生了巨大的变化。700多年的黄河夺淮，使淮河中下游地区"无年无灾，无灾不酷"，原本农业生产条件优越的淮河流域逐渐嬗变成为自然灾害频发的灾区。黄河夺淮以后，洪水泛滥，泥沙俱下，首先是彻底改变了淮河流域的自然坏境，致使水旱灾害频发，整个流域呈现出"陵谷互易，沧桑改观""河渠垫淤，蓄泄失据"的悲惨景象，家园毁荡，人们被迫外出逃难，以乞讨度日，社会秩序受到极大冲击，"民性不恋土，无业者辄流散四出，或弥年累月不归，十室而三四"。淮河流域的社会经济发展受到极大影响。

正是在这样特殊环境的磨砺下，江淮地区的人们形成了以"尚武强悍"为主要特征的集体社会心理，可谓是地方文化中最突出的

---

① 司马迁《史记·货殖列传》。

社会人格特征。这样的一种地域文化特点，使得江淮区域社会长期以来逐渐形成了一种反抗文化，这是相当具有独特性的一种文化传统与社会心理。当生存环境恶劣时，人们便视揭竿而起、铤而走险为平常，"视死如归，战而贵诈"，千百年来相沿不废，不仅对区域社会发展构成影响，有时甚至影响到整个国家的发展与命运，如朱元璋、张士诚等。这样的区域文化传统，给历代政治家都留下了极其深刻的印象。

第三节
江淮传统村落概述

　　江淮传统村落作为江淮地区农耕文明的载体，是江淮大地上千千万万个村落的代表，已成为独具江淮特色的人文景观，从村落建筑、村落选址、格局和特色民俗活动等各个方面加以彰显，具有十分丰富的历史文化价值。对这些传统村落进行深入考察的基础，就是了解其形成、发展的过程，并且将之放置在中国大历史的坐标中加以观照，也就是探究江淮传统村落发展的时间轴。

一、江淮传统村落的发展演变历程

（一）江淮传统村落的形成

目前，根据《传统村落评价认定指标体系（试行）》中对村落形成年代的认定来看，有五个时间段，即元代以前、明代、清代、民国时期和中华人民共和国成立以后。之所以进行这样的设定，主要是因为传统村落是村民生产、生活的场所，虽然中国人素有安土重迁的传统，但同时要看到，在历史上小农经济自身存在着脆弱性，当天灾与人祸来临时，村落是无力抵御的，多数村落的存续时间都不长，故设定的最早时间点是元代以前。从名录来看，全国传统村落的始建时间基本上都在明清以后，元代之前甚少。只有云南、贵州、湖南等地的传统村落形成时间比较久远，有相当一部分集中于元代以前，明清时期为主，民国以及中华人民共和国成立以后形成的村落极少。

根据对江淮传统村落的调查，发现各地传统村落的形成时间多为明清时期，少部分则形成于民国时期和中华人民共和国成立以后，这与全国传统村落的时间特征是一致的。但是从江淮地区内部而言，各个次级区域的时间又有区别，在西部山区和中部丘陵地带，传统村落的形成时间集中在明朝初年和明末清初两个时间段；中部的部分村落形成于晚清时期；东部村落的形成时间为明清时期，个别形成较晚。

在江淮西部大别山区，现存传统村落的形成时间多是明清时期，例如安徽金寨县汤家汇镇上畈村朱家湾，三面环山，一面临水，始建于明末清初，距今已有约400年历史，仍然保留着明末清初建筑的寨墙、道路、住宅、水池等。河南新县八里畈镇西北部的丁李湾村，始建于元末明初，距今已有约700年历史，该村于晚清时期开始兴盛，民国时曾有"新集城一圈，不如丁李湾一湾"之说，足见丁李湾当时之繁盛。当时，村落四周建有防御匪患的寨墙，环绕绵延十余里，村落依山势而建，背山面水，村前有两口大小不一的水塘，形似月牙，称"望月塘"；村内巷道布局疏密有致，以青石板和石块铺设；东南西北四方各建有大门，门内隐蔽处开有枪孔，门侧建有城楼防御。河南新县南部毛铺村古民居始建于清代中期，乾隆年间开始兴盛，完善于民国初年，距今已有200多年历史。村落占地面积60亩，有房屋200多间，原貌保存度达80%以上。河南商城县吴河乡万安村何老湾，村内传统古建筑何氏老宅建于清中期，距今已有270多年历史。

在江淮中部的丘陵地带，由于晚清时期这里成为洪秀全领导的太平军与湘淮军殊死拼杀的战场，淮军兴起于此，走出了刘铭传、潘鼎新、张树声、唐殿魁等一批依靠军功起家的将领，他们建造了一批圩堡式建筑，形成了具有浓郁军事色彩的民居建筑。

在江淮东部地区，传统村落的形成年代不一。江苏盐城市草堰村，煮盐的历史很久远，但形成村落却是在明清以后；江苏通州区的余西社区和石桥，也都与明清时期盐业的发展有很大关系；江苏淮安市洪泽龟山村，历史非常久远，可上追唐宋，但因淮河水患，其现有建筑多为二十世纪六七十年代所建；江苏仪征市十二圩蒲薪村始建于1873年，距今已有近150年的历史。

（二）明初的江淮移民传说

目前，江淮传统村落的形成时间大部分只能追溯到明朝初年，之所以出现这种情况，和明朝初年的大移民有很大关系。元朝末年，天下大乱，经过十多年的混战，朱元璋夺得天下。初定江山时，却发现江淮及中原等昔日鏖战之地已经极其萧条。为此，明朝统治者制定了一系列移民政策，将山西、湖广、江西、江南等人口稠密地区的人口迁至相邻的中原、江淮等地广人稀的地区，史称"洪武赶散"，民间也由此留下了许多与移民相关的传说，如"山西洪洞大槐树""苏州阊门"和"江西瓦屑坝"等。

其中，江淮地区的移民主要来自江西和江南，故江淮传统村落的形成与"苏州阊门"和"江西瓦屑坝"传说关系极大。

1."苏州阊门"和江南移民

在江淮地区的东部，流传着大量苏州移民的传说。阊门是苏州城的西北门，在成千上万苏北人的心目中，阊门有着特殊的含义，因为几百年来，他们的祖祖辈辈都说他们来自苏州阊门。

在元末的战乱中，江淮东部备受浩劫。1353年，盐贩张士诚在泰州白驹场率众起兵反元，攻克高邮后称王，并且打败前来围攻的元军。不久后，因苏北一带饥荒严重，张士诚率兵渡江向江南发展，攻占江南多地。由于张士诚主力外迁，红巾军趁机进攻淮安，朱元璋军攻下泰兴，进占高邮。淮扬一带处于各派势力的争夺之中。1357年，朱元璋攻下扬州，城中只剩下18户居民。后张士诚卷土重来，夺占苏北。1366年春，朱元璋再次攻下高邮、淮安等地，完全占有苏北。局势平定后，扬州城中原住居民仅回升到40余户，江都县仅存火、郝等十八姓,淮安城中只剩下"槐树李、梅花刘、麦盒王、节孝徐"等七家,兴化县"土著绝少",盐城一带"地旷衍,湖荡居多而村落少,巨室少,民无盖藏"。其他各县的情况大同小异,整个苏北平原一片萧条。

1367年,朱元璋彻底击败张士诚,对苏州一带张士诚的支持者进行惩罚性驱赶,使其大量迁往江淮中部的濠州(今安徽凤阳)。据《明实录》记载,"克平江(苏州),执张士诚。十月乙巳,徙苏州富民实濠州"。洪武三年(1370)六月,朱元璋又迁苏(州)、松(江)、嘉(兴)、湖(州)、杭(州)五府"无田产者"4000余户于临濠。洪武七年(1374),又迁江南14万户至凤阳。据说,凤阳花鼓就起源于此,这些江南移民思乡心切,但又不为官府许可回乡,遂打起花鼓,扮作乞丐回乡。

在地方志、地名志和族谱中也有大量移民迁往江淮东部的记载。民国《续修盐城县志》载:"元末张士诚据有吴门,明主百计不能下,及士诚败至身殒,明主积怨,遂驱逐苏民实淮扬二郡。"《民国阜宁县新志》说:"境内氏族土著而外,迁自姑苏者多。"民国《泰县志》所载"明初迁泰"的氏族有姑苏刘氏、葛氏、徐氏。咸丰《施氏族谱》陈广德序:"吾兴(化)氏族,苏迁为多。白驹场施氏耐庵先生,于洪武初由苏迁兴化,复由兴化徙居白驹场。"《水浒传》作者施耐庵也是苏州移民之后。据《昭阳(兴化)郑氏族谱》记载,郑板桥的始祖于明洪武年间自苏州阊门迁徙而来。民国《黄浦吴氏宗谱续序》:"因鼎革之乱,由苏迁盐(城),居射湖之南岸,名其地曰吴家坞。"《盐城县地名录》载北龙港本名张朱庄,因明初有张、朱二姓由苏州迁此而得名。江都《双沟乡志 人口志》(油印本)的说法是,该乡人口的主要来源是元末明初的苏州阊门移民。吴必虎在研究中也发现,在今天江苏长江以北的扬州、江都、泰州、姜堰、海安、东台、兴化、高邮及连云港等地明初都有移民迁入。

当时迁入江淮东部的移民也有来自其他地区的。例如,民国《泰兴县志》称:"试征诸氏族谱牒,大都皖赣名族,于元明之际迁来。"《甘棠小志》记载的今江都市邵伯镇13族中,有5族明确是在明初迁入的。另有阮氏从江西迁来,而据《雷塘庵主弟子记》记载,迁入的时间也是明初。其余各族迁入时间不详,但原籍分别为浙东3族,江西2族,徽州1族,山西2族,山东1族。其他可考的迁出地还有常州、无锡、湖州、吴兴、昆山、句容等地。可见元末明初迁入苏北的移民虽主要来自江南地区,但也包括皖南、江西和其他地区。

其实,"苏州阊门"并不是移民的真正故乡,只是一个重要的移民集合、出发地。著名历史地理学家葛剑雄通过考察,推测扬州、淮安二府在明初接受的移民有近60万,如果加上迁入的卫、所将士和他们的家属,总数约有65万。由于来自苏州府的移民占了很大的比例,他们在经济、文化、社会各方面的影响也最突出。

2. "江西瓦屑坝"和江西移民

在江淮地区的中、西部普遍流传着"江西瓦屑坝"的移民传说。瓦屑坝是鄱阳湖畔的一个古老渡口,交通便利,是明初江西向江淮地区移民的集散中心。当时,官府在瓦屑坝设局驻员,江西各地移民沿乐安河、饶河等到达瓦屑坝集合,然后乘船或溯长江而上,迁入湖广;或顺长江而下,迁入安徽;从濡须口进入巢湖,借此去到江淮地区。

著名的华人历史学家唐德刚先生是安徽肥西唐老圩人,他曾说:"瓦砾坝(瓦屑坝的别称)才是我们多数合肥人的起源地。至于我们族谱上那些唐尧虞舜、老始祖、大名贤,都是修谱时撰序的文人胡吹的,在下的始祖不是什么'周成王,小弱弟,封于唐的皇族'。我唐某人真正可参考的老祖宗,原是在'瓦砾坝'耕田种地的农民,这才是可靠的信史。"

明洪武二十四年(1391),安庆府有人口42万,大约有28万是江西移民,其中有20万来自饶州。两三年间,瓦屑坝至少迁出了30万饶州人。安徽宿松县《宿松县志》载:该县256个氏族,其中182个氏族是明中期以前迁入的,其中143种姓来自江西鄱阳瓦屑坝,占总数的78.6%。安徽桐城有族谱63种,其中20%家族的始祖来自江西鄱阳瓦屑坝,其中就有清代父子宰相——张英、张廷玉。晚清大臣李鸿章的家族也是明初从瓦屑坝移民而来的。《合肥李氏宗谱》载:"吾族李氏本出自许家,许姓明代由江西瓦屑坝迁往合肥。"桐城《璩氏宗谱》载:"德先公讳魁,配吴氏生三子,居鄱阳瓦屑坝,洪武六年迁安庆府桐城之西乡。"正如唐德刚先生所言,许多移民的姓氏宗谱中都清楚地写有"先世居鄱阳瓦屑坝"字样,表明其始祖是明初从鄱阳瓦屑坝迁来的。

人口学家曹树基还将湖南及江西等地族谱中记载的移民史实,与《明太祖实录》《明太宗实录》中记载的移民史实及明代初年的典章制度相对照,认为瓦屑坝移民之事是真实存在的,不是传说,更不是虚构的,而是朝廷精心组织的。

同来自"苏州阊门"的江南移民一样,来自江西瓦屑坝的移民迁徙到江淮中部安庆、六安、合肥、巢湖一带后,也是靠着自己的辛勤劳作,再建家园。由他们建立起来的家园也构成了今天江淮传统村落的主体。

当然，明初迁徙到江淮地区的并不只是"苏州阊门"的江南移民和"鄱阳瓦屑坝"的江西移民，还有一部分徽州移民，这在江淮传统村落调查中得到了证实。如合肥巢湖黄麓镇洪疃村就是由明初来自江西瓦屑坝的移民和徽州移民共同兴建的。据洪氏家谱记载的家族迁徙史：黄麓镇洪疃村洪氏一世祖被称为"德公"，祖籍地位于徽州府歙县桂林村。元末至正年间，德公中了进士，可他还未赴任，朱元璋就开始进攻徽州。作为元代官僚的一员，德公携家眷逃至庐州府巢县西黄山山中，并在此繁衍生息。

此外，还有来自北方的移民，在江淮北部的河南信阳和安徽寿州、霍邱、六安等地，还流传着山西"洪洞大槐树"和山东"枣林庄""老鸹巷"的移民传说。寿州著名的孙氏宗族就是明初自山东济宁迁入的，从江淮传统村落名录的信息中也可得到证实。综上所述，在明初江淮大移民的浪潮中，移民迁出地主要以江西和江南地区为主，还包括山东、山西、徽州等地，移民来源的多样性对江淮传统村落文化的形成亦构成特殊的影响。

（三）清初的"江西填湖广，湖广填四川"

"江西填湖广，湖广填四川"之说来自清代学者魏源的《湖广水利论》。魏源认为明末清初之时，张献忠、明军和清军几派力量在四川展开争夺，导致四川百姓几乎被屠戮殆尽，"而江西少受其害。事定之后，江西人入楚，楚人入蜀，故当时有江西填湖广、湖广填四川之谣"。①这实际上说的是清朝初年的南方大移民。

在这场移民运动中，以江西为首的移民大量涌进了今两湖地区，移民运动一直持续到嘉庆年间才基本停止。除了官府强制性的移民外，还有许多自发性的移民，这是因为当时江西地区开发得比两湖早，人口密度比两湖大，但人均耕地却比两湖少，这就驱使许多无地农民沿江而上，进入两湖地区；同时，江西赋役繁重，民多逃窜，而两湖地区相对赋薄役轻，故成为这类逃户的落籍地。在移民大潮中，有一支移民队伍由江西北部地区迁徙至湖北东部地区，然后再转向湖北北部并向西北部扩散，主要落脚在湖北的东北角大别山的南麓和河南的东南角大别山的北麓。以河南信阳南部新县丁李湾村为例，据《李氏宗谱》和村内现存的石刻碑文记载，丁李湾的先祖于明末清初从江西瓦屑坝筷子巷迁来，因李氏无嗣，抱养丁姓外甥，其后人居住在此地，取名"丁李湾"，该村受明清移民影响，民居建筑的建造技术与江西地区相类似。

现在的湖北东部、江汉平原以及河南南部等地，还保留着祖籍江西瓦屑坝筷子巷的说法，乡人在祭祖时都要在供品"刀头肉"上插上一双筷子，以示不忘根本。当年的筷子巷是官府设立的移民管理机构，在此为迁出人口办理登记造册等相关手续，后来，筷子巷就成了故乡的代指。江西许多地方都有"筷子巷"地名，它已经成了一种符号，成了移民心中的家乡。

---

① 魏源《湖广水利论》《古微堂外集》。

二、江淮传统村落的整体分布情况

江淮传统村落是指位于江淮地区范围内，始建于1980年之前的，经历较长历史沿革，至今仍以农业人口居住和从事农业生产为主，而且保留着传统起居形态和文化形态的村落。村落中的现存传统建筑风貌完整，能够反映江淮文化中的民居风格；村落的选址和整体格局保持系统完整，能够反映传统江淮区域社会的文化特征；村落具有非物质文化遗产的活态传承，亦为江淮传统文化之映射。

根据2012年《关于加强传统村落保护发展工作的指导意见》，涉及江淮地区的江苏、安徽、河南等省均各自制定了本省保护办法，或沿用国家办法，或另制定适合本地区的办法。其中2017年9月通过的《江苏省传统村落保护办法》对传统村落的定义与认定条件进行了适度调整，江苏省认为传统村落"是指村庄主体形成时间较早，乡土文化特征明显，拥有丰富的传统资源或者传统乡村布局的形态、肌理，具有一定的历史、文化、科学、艺术、社会、经济价值，经省人民政府认定予以保护的自然村庄"。在《办法》第九条中，规定符合下列条件之一的村落可以认定为传统村落：（1）选址、布局保留着传统格局和历史风貌，与自然有机融合，环境自然，尺度宜人，体现人和自然共生的建造智慧；（2）历史建筑、传统建筑保存良好，体现一定历史时期或者特定地域的建造传统和建筑风格；（3）能够承载乡愁记忆和归属感，具有地域影响的祠堂、牌坊、古桥、戏台、古井、老树等历史遗存保存较好；（4）具有传统特色和区域代表性，能够体现农耕文明时期的地域特点和生产生活方式的种植、养殖、捕捞、手工制作技艺和加工制造工艺等；（5）具有较为鲜明的地域乡土文化特征的民俗活动、传统技艺等非物质文化遗产仍保有活态。[①]

由于江淮地域横跨江苏、安徽、河南数省，省情不同，其传统村落认定方面亦略有差别。

（一）江淮传统村落的数量

根据 2012 年至 2019 年住建部等公布的五批中国传统村落名录统计，江淮传统村落的数量为 100 个。

根据五批公布情况，以省为单位，将江苏、安徽、河南、湖北四省内的所有传统村落及其辖境内的江淮传统村落统计数据进行汇总，情况如下：

表 1-1　江淮传统村落汇总

批次	区域				
	江苏	安徽	河南	湖北	合计
第一批	0/3	2/25	3/16	2/28	7/72
第二批	0/13	5/40	4/46	3/15	12/114
第三批	4/10	7/46	12/37	12/46	35/139
第四批	0/2	5/52	3/25	7/29	15/108
第五批	3/5	12/237	6/81	10/88	31/411
合计	7/33	31/400	28/205	34/206	100/844

说明：每单元格中均有 2 个数字，前者为江淮区域统计数，后者则为全省统计数。

由于江淮地区历史上多次受战争和水灾的严重影响，村落很难

[①] 参考《江苏省政府颁布实施〈江苏省传统村落保护办法〉12 月 1 日起施行》，《中国江苏网》2017 年 11 月 29 日。

保持相对完整，因此，江淮传统村落不仅少于全国绝大多数地区，只占全国传统村落数的1.5%；即便在其省份之内，也处于绝对劣势，约占四省总数的12%。其中位于江淮东部的江苏，迄今为止入选中国传统村落名录的村落只有33个，主要在环太湖地区，属于江淮部分的仅有7个。可见，在数量上，江淮传统村落远远少于全国其他区域。这既与其自然地理环境有关，同时也是长期以来区域社会饱受战乱、水患之苦的结果。另外，自近代以来，江淮东部交通条件的改善以及经济、社会发展较快也对此产生较大影响。

尽管江淮地区现存传统村落的数量较少，但其所蕴含的历史文化信息非常丰富，特别是明清以来的区域社会演变情况，故弥足珍贵。

（二）江淮传统村落的分布

对五批入选中国传统村落名录的100个江淮传统村落进行分析，其分布情况如下：

就省、市等行政区域而言，江苏省7个、安徽省31个、河南省28个、湖北省34个，江淮传统村落集中在安徽、河南与湖北三省，江苏省的比例很低，仅为7%。再以地级市为视角来观察，就更能说明情况，其中，湖北省黄冈市34个，河南省信阳市28个，安徽省安庆市18个、六安市7个、合肥市4个、滁州和淮南各1个，江苏省最分散，南通市2个，扬州市2个，淮安、盐城、泰州各1个。在江淮地区的13座地级市中，目前只有蚌埠尚无国家级传统村落，其余12座城市均有分布，覆盖面为92%。但各城市的拥有数量却差别很大，有5座地级市各有1个传统村落，而数量最多的黄冈是其 34 倍，排在前四的黄冈、信阳、安庆、六安四城共有 87 个，充分说明悬殊之大。

从地域分布看，位于江淮西部大别山区的传统村落数量最多，湖北黄冈、河南信阳、安徽六安和安庆部分县市（太湖、宿松、岳西、潜山）均属西部山区，传统村落总数有 83 个；合肥、滁州、淮南以及安庆（桐城）、六安（舒城、金安区）则为中部的江淮丘陵，有 10 个；江苏各市属于江淮东部平原区域，拥有的传统村落 7 个。中、东部合计只占比 17%，约相当于西部的 1/5。

而江淮中、东部的 17 个传统村落中，有 10 个在中部丘陵地区，其中 4 个位于巢湖周边，1 个沿淮，1 个濒湖；东部 7 个村落的情况则是 4 个滨江、1 个滨海、2 个滨湖。另外，中部的 10 个传统村落中，有 7 个属于市镇老街型；东部的 7 个传统村落中，6 个为市镇老街型，合计 13 个。

所以，江淮传统村落的整体分布特征是：

（1）分布范围广泛，传统村落覆盖面达到区域内区市面积的 92%，目前仅有蚌埠没有国家级传统村落。

（2）空间分布差异非常明显，呈现绝对集中，西部与中、东部差异较大，西部多，中、东部少。

（3）省市间的差异较大，传统村落主要集中在湖北黄冈、河南信阳、安徽安庆和六安等地，江苏处于稀缺状态。

（4）绝大部分的传统村落邻近鄂豫皖三省际边界，受本行政区域中心城市辐射小。

（5）山区多，平原少。本区域内的传统村落以居于山地为主，83% 集中在西部大别山区，而中、东部的传统村落则主要分布在濒临湖、江、海的地区。

（6）中、东部传统村落以市镇老街型为主，17个传统村落中，目前或前身为市镇老街者有13个，占比近80%，足见老街型村落在中、东部比例之高。

以上特征说明江淮传统村落的分布主要受地理环境等自然因素的影响，受人文因素影响较小。

三、江淮传统村落的价值

江淮传统村落具有非常珍贵的历史文化价值，主要表现在以下三个方面：第一，从传统村落的选址与格局中所体现出来的哲学观念、秩序观念、道德观念以及风水观念；第二，从传统建筑中所体现出来的建筑艺术、建筑风格、建筑特色以及实用功能；第三，从村落的非物质文化遗产中所反映出来的地理性、人文性和历史性。

目前已经被列入国家传统村落名录的100个江淮传统村落，分别位于山地、丘陵和平原三种不同的地理环境中，自然条件的差异造就了村落选址和格局方面的差别。山地、丘陵地区的村落一般选在背山面水、地势高敞、坡面平缓的向阳处营建；平原地区的村落通常选在靠近河流、水陆交通便利的地方营建。在建造过程中，传统的风水理念发挥重要的指导作用，使先民自然秉持中国古代"天人合一"的哲学理念，尊重自然，敬畏自然，因地制宜，使村落与周围环境有机融合，形成自然与人和谐共存的生态人文环境大格局，从而构成村落空间系统的基础。

另外，宗族化程度的高低对村落格局亦有很大影响。中国的乡村大致可分为单姓村、主姓村和杂姓村三类，其内部血缘关系各不相同。由于江淮西部大别山区的村落多为明清移民所建，移民通常举族迁徙，故村落基本上是由一个家族或由两到三个家族组成，血缘关系非常紧密。村民在营建村落时，宗族祠堂就成为村落中最豪华、高大、坚固的建筑，且处于村落的中心位置。整个村落的空间结构有序展开，有主有次，尊卑分明。

江淮传统村落的聚落风格主要有两种：一是在西部大别山区营建的村落，地形相对疏朗开阔，村落布局可以根据村民的意愿，按照风水理念因地制宜进行；二是中东部的市镇老街型村落，因为空间有限，其布局多围绕水陆道路展开，呈"一"字、"丁"字或"十"字等格局，多为"前店后宅"，规划紧凑，联排营建，临街商铺开间小，多向纵深发展。

村落中的民居建筑亦随着地理环境的不同而呈现出不同的建筑形制与风格，建筑材料也有所不同。西部的民居建筑受江西民居中围屋、大屋影响，整个家族聚族而居，民居规模很大。而中、东部则多为独院式民居，规模较小，由正房、东西厢房和院墙围合而成，民间戏称这种宅院为"铜壳锁"。

非物质文化遗产也是传统村落文化价值的重要组成部分。"风谣歌舞，各附其俗"，一方水土造就一方文化，江淮地区的西部、中部和东部各自形成了具有代表性的传统音乐、传统戏剧和传统技艺。在传统音乐方面，有大别山民歌、巢湖民歌、高邮民歌等；在传统戏剧方面，有黄梅戏、花鼓戏、庐剧、童子戏等；在传统技艺方面，各地差别较大，西部和中部的传统技艺多与特色自然资源联系在一起，以茶叶的手工制作技艺为例，包括信阳毛尖、六安瓜片、舒城兰花、霍山黄芽等多种制茶技艺，东部的手工技艺除蓝印花布外，多集中于茶点的制作，工艺讲究，粗材细做，是地方传统文化的重要组成部分。

正因为传统村落具有这样深刻的文化内涵和珍贵的历史价值，承载着悠久的农耕文明，事关文脉传承与中华民族的伟大复兴，所以党和国家高度重视对传统村落的保护。而要保护传统村落，首先要深入了解和把握其特殊形态与特质文化，其次要确定科学合理的思路，以便有针对性地采取恰当的保护方法和保护措施。

第二章

Chinese Traditional Villages

中国传统村落文化抢救与研究

文化区系列

江淮西部 传统村落

江淮地区地貌类型多样，自西向东依次为山地、丘陵和平原，不同的地形地貌造成自然环境的差异，进而影响着人们的生产和生活。江淮地区西部包括湖北省东北部、河南省东南部和安徽省西部，即鄂豫皖三省交界的大别山区。这里江淮传统村落的数量最多，保存较为完整，是江淮西部地域文化的极佳体现。

第一节
江淮西部传统村落的选址与格局

一、江淮西部的区域特征

（一）自然概况

江淮地区西部大别山脉连绵数百里，位于我国地理的第二阶梯向第三阶梯的过渡地带，地势西高东低。大别山地势较高，是我国长江和淮河的分水岭，山南麓的水流入长江，主要有巴河、蕲水河、浠水、举水、大悟河、滠水等；北麓的水流入淮河，主要有竹竿河、潢河、灌河、史河等。山体被众多河流横切，被分割成为一条条基本呈南北走向的山岭和山间谷地，因此便形成了山水相间的破碎地貌。山地多深谷陡坡，地形复杂，坡度大且方向多变。河流冲刷之下的山间谷地宽广开阔，并有河漫滩和阶地平原，是主要的农耕地区。

大别山区属北亚热带季风气候区，亦具有典型的山地气候特征，气候温和、雨量充沛、雨热同期，适合作物生长，森林覆盖率高。大别山区同时兼具南北山水景观，林木茂密、层峦叠嶂、沟谷幽深、潭瀑众多，风景秀美。

鄂豫皖三省分别处于大别山区的不同方位，其中湖北黄冈在大别山的南麓，河南信阳在大别山的北麓，安徽的安庆和六安位于大别山以东，故鄂豫皖三省的传统村落所面临的环境因素基本相同。此外，大别山山脉主要在鄂豫皖三省的边界地带展开，山区地形复杂、交通不便，形成了与世隔绝的环境，受外界影响较小，为传统村落的形成发展提供了重要基础。自然环境是影响江淮西部传统村落发展的重要因素之一。

（二）地域文化

地域历史文化对传统村落的影响仅次于环境因素。尽管按照行政区划，大别山的南、北、东三面分别归属于鄂豫皖三省，但是相同的历史发展进程，使得大别山区各部分的地域文化基本相同。先秦时期，中原文化率先对大别山区产生影响；春秋时期，楚国攻灭群舒，把疆域扩张至江淮地区西部，使大别山区成为楚文化的重要区域。进入大一统之后，在一次次的移民浪潮中，来自江西、信阳北部的移民迁徙到大别山各地。近代以来，这里还是鄂豫皖根据地所在，拥有革命的红色文化。

共同的自然地理环境和历史发展进程，使得大别山区的传统村落拥有先天的一致性，人为的行政设置并没有为其带来太多的差异。

二、江淮西部传统村落的空间布局

自然环境与人文环境的一致，造就了江淮西部鄂豫皖三省传统村落相似的空间布局，这主要通过村落的选址与格局表现出来。

（一）村落选址

1. 自然因素

早在春秋时期，管仲在《管子·乘马》篇中即已指出，地势和水源是选址的关键，"凡立国都，非于大山之下，必于广川之上。高毋近旱而水用足，下毋近水而沟防省。因天材，就地利，故城郭不必中规矩，道路不必中准绳"。管仲所总结的实际上是中国农耕文化的智慧。千百年来，也一直被人们所遵循着。大别山区的村民在为村落选址时，地形与水源是其最主要的考虑因素。

地形，尽管大别山区地形崎岖、沟谷幽深，地形起伏变化大，但是也存在着分布广泛的坡地、河谷及山间盆地，故传统村落在选址时，主要以海拔较低的河谷、山间盆地和平原为选址地。从大别山区经过，可以发现但凡河流形成的小型冲积平原，其上一定形成村落。而且，较大河流的沿河区域通常会形成带状分布的村落，从上往下，随着海拔的降低，村落的规模逐渐增大，直至发展成为市镇。另外，山间坡度较缓的坡地、台地，只要临近河流等水源，也会成为村落的选址地。大部分村落都选择背靠山体，坐北朝南。

江淮西部传统村落周围的坡度变化往往比较大，变化剧烈。不同的海拔与坡度对气候、水源、土壤等要素有很大影响，对农业生产起决定性作用。当然地形对交通的影响也很大,地形越复杂交通越不便利。

水源,水是万物生机源泉,是人类生产、生活必不可少的最基本物质。故村落在选址时,水源亦是重要因素。从大别山区的传统村落分布看,有超过50%的传统村落都坐落在河流周围,沿河而下,从高到低,村落呈带状分布在河流两岸。从整体看,河流附近的村落呈团状。所以,凡山区水系发育较好的河流,其沿线的村落也就数量多、规模大。在海拔较高及山势陡峭的地区,村落则或临近河流而建,或开挖水塘蓄水来解决生产生活用水问题。

2. 人文因素

中国传统村落在长期发展过程中逐步形成了自身独有的选址方式,既要考虑地形、水源等生产生活的基本要素,同时也会受到宗教、传统文化等人文因素的影响和制约,其中以风水最为主要。

在满足土地、水源等基本需求后,风水成为影响选址的最重要的人文因素。所谓风水,其核心要义就是强调人与大自然的和谐共处,通过选择与规划,最终达成"天人合一"。按照风水理论,理想的居住环境应该像《阳宅集成》中强调的那样:"阳宅须教择地形,背山面水称人心。山来有龙昂秀发,水须围抱作环形。明堂宽大斯为福,水口收藏积万金。关煞二方无障碍,光明正大旺门庭。"大别山区,山脉外观层峦叠嶂,来龙奔腾蜿蜒,绵延起伏,大小河流相间其中,故比较容易找到襟山带河、结脉通全的风水福地。所以,在大别山区,鄂豫皖三省的大多数传统村落在选址时都要考虑风水因素,即阳宅的择址布形,诸如"藏风聚气,得水为上"的风水理念,造就了传统村落之枕山面水、山环水抱的分布形势,恰好大别山作为江淮分水岭，降水丰沛、河流众多，且呈南北两大流向，山南麓的巴河、蕲水河、浠水、举水、大悟河、滠水等流入长江，北麓的竹竿河、潢河、灌河、史河等流入淮河，大部分传统村落就分布在这些河流的附近。而"借天不借地，天平地不平"的说法，则使得村落在选址建造时能够顺应自然地形，结合地理条件，依山就势，从而最大限度减少对环境的人为改变，也是中国古代"天人合一"哲学理念具体而微的运用。这些都是村落选址中的人为因素的体现。

此外，宗族、宗教等因素以及安全防御方面的需求，也对传统村落的选址产生一定的影响。特别是安全防御方面的需求，是仅次于风水的影响因素。

大别山区崇山峻岭，鄂豫皖三省相邻，道路崎岖偏僻。清人在谈及大别山地势时说："鄂之蕲、黄、麻、罗，皖之潜、太、英、霍，豫之光、固、商、汝，皆阳浈而阴岳、左扬而右荆，积旁薄之万山，势绵亘而不绝。其高者或插天汉，其出入径道隘，仅错趾悬岩；左右列河环之，路阻谷深，摇骇心目。其山巅或平衍，饶水泉竹石之居。其河入江淮，有航帆运输之便，平时可为乐国，乱世亦保障之资焉。"① 大别山地形之险要可见一斑。南宋以来，大别山区多次被卷入战火，长期处于社会动荡状态，仅大规模战事就有宋金之战、宋元之战、红巾军起义、明末农民战争、晚清太平天国农民战争等，举不胜举。正因为如此，所有村落在营建时，都必须要考虑到安全防御问题。

---

① 王葆心《蕲黄四十八砦纪事》。

(二) 村落格局

所谓村落格局，就是乡村居民在长期的生产生活过程中，所营造的包括居所、生产场地及公共生活等在内的空间组织结构。江淮西部的传统村落格局就是在传统风水理念指导下，根据需求，同时顺应自然环境，因地制宜地规划营造而成的，极富大别山区特色。有学者从村落的平面规划形态进行研究，将大别山区的传统村落格局分为三种，即线状村落结构、环状村落结构和块状村落结构。

1. 线状传统村落

线状传统村落是指村落中的民居建筑受地形所限，以山势、水体等为基准进行布局，形成线状或带状平面布局形式，也称一字形布局。由于山区地势崎岖不平，很难找到大片平坦土地来营造村落，所以就出现沿着山体或水体布局的情况。这种类型的传统村落数量较多，通常规模不大，人口数量有限，村落建筑一字排开，结构规整。没有明确的中心，宗祠等村落主要建筑坐落在村口，采光、通风等较好。

河南新县西河大湾村是线状空间结构的典型代表。此村落最早为明初移民大潮中自江西迁徙而来的张氏宗族所建，距今约有650年历史。该村东西长约800米，南北宽约200米，占地面积约160亩，共有古民居160多间，被评为第十四届中国景观村落，入选第三批中国传统村落名录和河南省第二批传统村落名录，还被评为中国最美村镇、全国生态文化名村、中国乡村旅游最佳目的地之一和河南最美历史文化古村等。村落北靠狮子山，南对西河，四周群山环绕，地势西高东低，西河从西南方向流向东北方向的长洲河水库，流经村落西侧时河道变直。村落建筑呈"一"字形沿河排列，依山傍水，坐北朝南，符合阳宅风水择址布形的原则。西河属典型的山区河流，河道宽阔，水位较浅，河床中布满大大小小的怪石，被水流冲刷得已经没有任何棱角。两岸生长着许多大树，村口有一棵巨大的古枫杨，号称千年古树，是水口树。全村建筑中形制最高大的张氏宗祠矗立在村口，雕刻精美，内有戏台，是全村的公共活动中心。

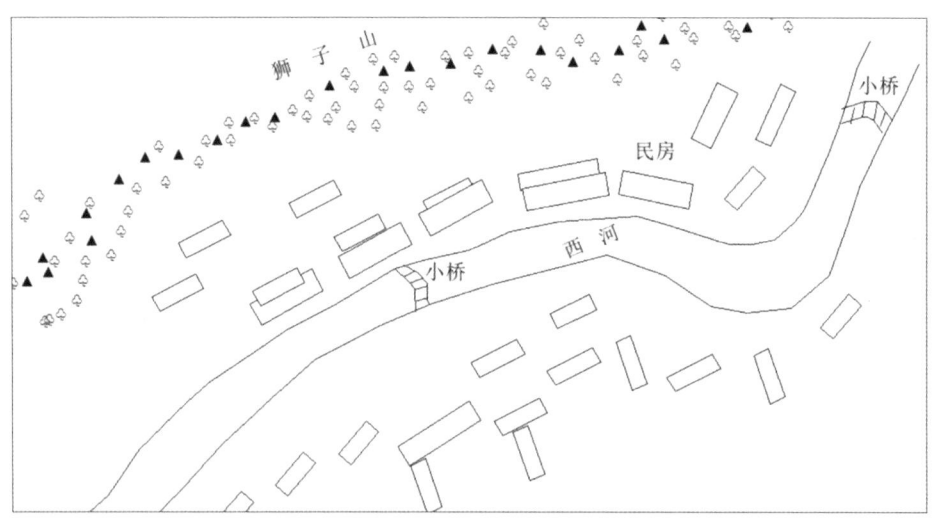

图 2-1 河南新县西河大湾村平面示意图（自绘）

2. 环状传统村落

环状传统村落是指村落中的民居建筑以山脉水体为走向环状排列的平面布局形式。在大别山区，有一类传统村落，其民居建筑根据山水走势，沿等高线依次展开。起伏的山脉既是村民的生活资源，又是围合民居建筑的天然屏障；自然弯曲的水体既方便村民的生活生产，又可以形成良好的小气候。环状传统村落空间形态的主要特征是村落占地面积在传统村落中属于中等规模，整体形态呈环状，地形多为坡地，主要沿山脉水体进行排列；因顺应地势，房舍与街巷不追求规整；村落有着相对明确的向心性，通常以山体为中心展开布局。

以安徽金寨的朱家湾为例，村落位于汤家汇镇上畈村，坐落在大别山的正中心，是一处三面环山一面临水、颇具皖西建筑风格的建筑群，房屋层叠，错落有致。村落始建于明末清初，距今约有400年历史，占地面积约6500平方米，建筑面积约4000平方米，是大别山区传统村落的典型代表之一，2014年入选第三批中国传统村落名录。村落周围青山绿水、绿树红花、古木参天，一派生机盎然。朱家湾村拥有"山—田—水—林"的空间格局，背山，面向梯田，民居依山而建。地势北高南低，南部地势平坦。东、西、北三面皆被群山环抱，道路顺势延展。村庄主体建筑位于山间平缓地段，村落较为完整地保存了清代及民国初年的整体布局。村内的道路蜿蜒曲折，随着地势的起伏而变化，或台阶，或坡道，形成了独特的内部街巷体系。朱家湾村落选址布局为"富"字形，宝盖头为村落后高大的伏山，宝盖下的一横就是村落，朱家湾门前本没有水塘，古人在屋前空旷处掘一口面积达两亩的水塘，这就是"富"字的"口"，水塘往南是大片田地，

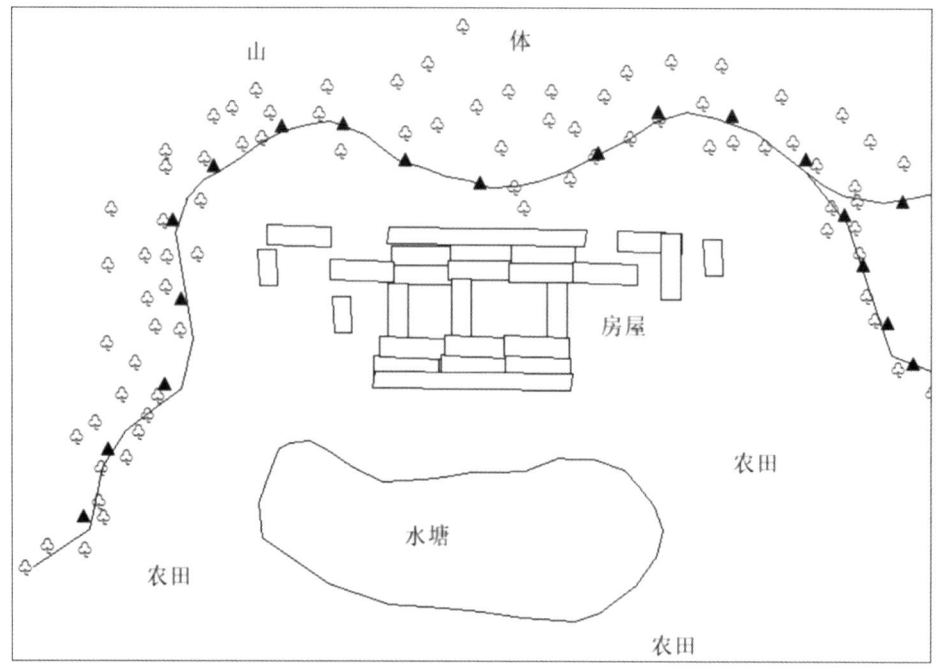

图 2-2　朱家湾村平面示意图（自绘）

即为"富"字最下端的"田"字。整体而言，朱家湾的村落选址布局，呈现出江淮西部大别山区的村落文化印记。

3. 块状传统村落

块状传统村落是传统村落中规模最大的一种类型，村民数量多，自然环境较好，村落中的民居建筑多以面积较大的山中台地为基础呈块状分布。此种类型村落按照"背山面水"的传统风水格局原则，在相对平缓之地集中建房，住户之间的联系相对比较紧密，街巷道路规整。其空间形态的主要特征是村落整体形态呈块状，建筑联系较为紧密；村落的街巷关系和建筑的空间布局紧凑有序；通常以宗祠等公共设施为村落中心，整个村落布局呈向心形，建筑的空间体系更趋于完整，如安庆太湖蔡畈古民居和信阳新县丁李湾村、白沙关等。

以安庆太湖蔡畈古民居为例，蔡畈古民居位于太湖县汤泉乡金鹰村蔡畈组境内，建筑占地面积约 14000 平方米，为独姓聚居的古民居建筑群。整个村落三面环山，西侧有群山相邻，面向村庄为坡度较缓之坡地，南、北皆为高矮不等的山地，东西宽而南北窄，呈块状分布。村内有两口古井，一条小溪从村落中间呈东西向流过，上有平桥 7 座，皆为麻石搭建，简单大方，饱含乡村韵味。村庄整体符合传统风水的空间布局，以小溪为界，将村落的建筑分为坎上、坎下两部分，村前有主街道，后排有小巷道，街巷均为麻石、青石板铺设，随地势、房舍弯曲，各户之间的建筑联系紧密。蔡畈古民居充分利用周围的山水格局，符合风水学上的择址布形要求，村口的山坡上有三棵树龄 300 年以上的大树，整个村庄形成"负阴抱阳"格局，山、村、水、田和谐共存，体现"天、地、人"三者合一的生态理念。村庄背倚来龙山，永兴河如玉带环绕。村落形态呈船型，从堂心进入内部巷弄如迷宫一般，具有典型的古代防御性村落特色，村庄祠堂由殷氏祠堂—蔡畈分祠—堂心支祠三个等级构成，村民围绕着各自的堂心支祠生活，这种村落布局表现了宗法制度的文化内涵。

这三种村落格局可谓大别山区传统村落的一般性与特殊性之统一，既有宏观统一的营建格局，又有各自特殊性的呈现。其宏观统

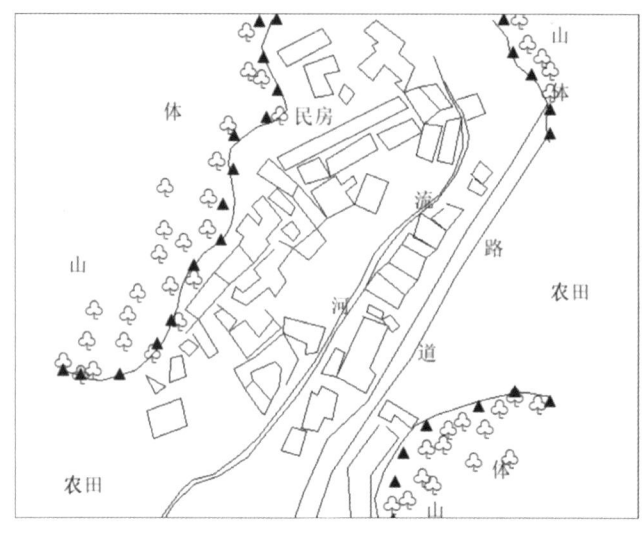

图 2-3
蔡畈村平面示意图
（自绘）

一性主要体现在传统风水格局、因地制宜及以自然条件为基础的整体布局上，同时由于自然环境、宗族文化及所在区域社会差异等方面的特殊原因，使得这些传统村落又各自呈现出不同的空间布局结构，大大地丰富了江淮西部传统村落的布局类型。

另外，大别山区传统村落的街巷亦具有内向化的模式特点。街巷是村落之中连接建筑、广场、农田的道路，是村落空间形态的骨架和支撑，负责组织村落空间的基本秩序。总体而言，由于传统村落规模不大，加之顺应地势展开、注重安全防御等因素，大别山区传统村落里的街巷空间普遍比较狭窄，蜿蜒曲折，具有内向性强、导向性弱的特点。街巷多以卵石、石板等材料铺成，属于就地取材。从村落的整体建筑布局看，街巷地位比较低，不规则变化多，多依附于主体民居建筑而存在，部分村落的街巷边上有排水明沟。

三、个案研究：以河南信阳新县丁李湾村为例

（一）丁李湾村概况

丁李湾村位于新县八里畈镇西北部的神留桥村，村民以李姓为主。据《李氏宗谱》和村内现存碑刻记载，丁李湾的历史最早始于元末明初，现在丁李湾人的祖先是清初的江西移民，从江西省瓦屑坝筷子巷迁来，因李姓无嗣，抱养丁姓外甥，其后人居住于此地，取名"丁李湾"。该村落在晚清时期一度非常兴盛，民国时期有"新集城（今新县）一圈，不如丁李湾一湾"一说，足见丁李湾村繁荣时期的兴盛。繁盛时期，村落四周城墙环绕，绵延十余里，村落依山势而建，布局井然，山环水绕，村前有两个大小不一的水塘，形似月牙，称"望月塘"。村内巷道布局疏密有致，以青石板和石块铺设；东南西北四方各建有大门，门内隐蔽处开有枪孔，门侧建有防御城楼。现有保存较完整的明清古民居、古城墙、古绣楼、石雕、木雕、砖雕、古桥、古井等。整体建筑风格兼具南北方之特色，但少了北方建筑的粗犷与大气，多了南方建筑的秀丽与典雅。2012年入选第一批中国传统村落名录。

（二）丁李湾村的选址与布局

丁李湾村位于大别山北麓的低山丘陵地带，这里属于泼陂河水系的上游，河流密布，丁李湾村的先人选择了背山面水、地势较高的向阳山坡台地营建村落，且有自然溪流从村前流过。丁李湾村的选址，从自然环境和风水两个方面都进行了精心的考虑，是典型的风水宝地。

这样的选址从自然环境角度来看，符合村落对地形与水源两个基本因素的要求，"高毋近旱而水用足，下毋近水而沟防省"，以高处的缓坡台地为村址，首先满足了居住安全的需要，既便于雨季防汛排水，避免淹涝之灾，提供一个较为安全的居住地，又可以满足农业生产和生活对用水的需求。其次，在缓坡上营建庭院，层层升高，既可以充分满足对采光的需求，又可以把平坦的土地节省出来当作耕地。

从风水格局来说，丁李湾村的选址则遵从《阳宅十书》中的堪舆说："凡宅左有流水，谓之青龙；右有长道，谓之白虎；前有汗池，谓之朱雀；后有丘陵，谓之玄武，为最贵地。"[①]在丁李湾村周围，北面有绵延不绝的群山峻岭，南方有远近呼应的低山小丘，村庄坐落于中间的缓坡之上，堂局分明，地势宽敞，且有屈曲流水环抱，坡下还有两口水塘，这就是一个具有生态学意义的典型风水格局。村落处于山环水绕之中，宅院联为一体，体现了人与自然的和谐统一。

丁李湾村的内部格局特别注重防御，这与其区位有很大关系。丁李湾村靠近长江北岸的"汉潢古道"，海拔低，交通相对比较便

---

① 王君荣《阳宅十书·论宅外形第一》。

利，其通达性要优于大部分大别山区的传统村落，但随之而来的就是易于受到外界的侵扰，故丁李湾村在营建时尤为注重安全防御，并且通过建造古城墙、炮楼等加以强化。据相关史料记载，当年的丁李湾村沿着村落周遭修筑起寨墙，长达十里。为便于交通，在寨子的东西南北四个方向均修筑大门，大门十分坚固，门上建有二层门楼，隐蔽处设有枪孔，门楼平时可作村民聚会议事之公共场所，遇有匪患袭扰时则作指挥和放风瞭望之用，设有枪炮射击孔。村内各户宅院联系紧密，横向均开有侧门，各户可以相互往来策应。院墙高大坚固，宅院门楼高出院墙很多，门楼上方设有瞭望口可供观察敌情，个别门楼还设有射击口。村前有一水塘，宅院的门楼朝向水塘对面的山坳，门前视野开阔，可随时观察山匪动向，这都在一定程度上加强了村落的整体军事防御性能。

丁李湾村建于坐北朝南的山坡台地上，从村落现保存较好的中东部区域可以看出，三四个门楼并列组成的联体宅院纵向大体与等

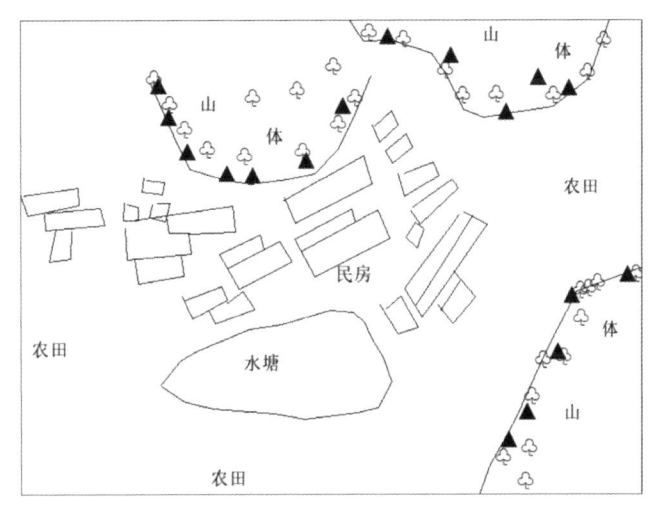

图 2-4
丁李湾平面示意图
（自绘）

高线垂直，联体宅院之间形成疏密有致的内部巷道空间。巷道空间两侧立面由联体宅院各进院落的山墙、院墙和开在联体宅院纵向的侧门等组成；联体宅院由多进院落组成，每进院落受传统宗法伦理影响，在功能布置上体现出等级性特征，加上对外的院墙多有进或退，因此巷道空间婉转有变化，柔韧有秩序。沿着小巷拾级而上，青石条和青石板铺设的巷道清新自然，两侧的青灰色砖墙古朴淡雅，开阔处的树荫下两三个居民在一起轻声交谈，俨然一幅天、地、人之和谐画卷。

丁李湾村的选址和布局，在大别山区具有典型性，以之为个案进行深入分析研究，如了解村落选址与布局中的水源、地形、采光、通风等关系，剖析村落形态的"天人合一"原则之具体体现，以及排水、防火防盗等，都会给今天更好地了解古人的智慧以及充分发掘传统村落文化的现代价值带来很大帮助。

第二节
江淮西部传统村落中的古建筑

古建筑是传统村落文化遗产的重要组成部分，不仅具有实用功能，同时还是社会关系与秩序的体现，儒家伦理思想在其中发挥了重要作用。目前，在江淮西部传统村落中保留下来的古建筑主要以民居和宗祠为主，其既是一种传统文化的物质存在，也是传统农耕文化中宗族礼教、伦理制度和生活理念的展示和体现。

一、古建筑概况

(一) 古建筑种类

在江淮西部的传统村落中,目前保存完好的古建筑种类繁多。按功能分类,有民居类、祭祀类、防御守卫类、宗教类和娱乐类。其中,民居类最多,既有单体民居,亦有聚族而居的古建筑群。几乎所有的传统村落中都有宗族祠堂,作为祭祀性质的建筑,宗祠通常是全村最高大华美的建筑。另外,还有门楼、寨墙等防御守卫类以及道观寺庙等宗教类建筑。纯粹娱乐性质的建筑很少,往往会把戏台附设在宗祠之中,以强调其敬天法祖的教化功能,弱化其娱乐性质。

从民居类型来说,江淮西部地区尽管地跨鄂豫皖三省,但其民居整体上受江西民居中的大屋、围屋影响较大,同时亦对北方建筑风格多有吸收借鉴,在《中国传统民居类型全集》中,其被纳入"皖西南大屋"类型。皖西南大屋的成因与自然地理和社会文化因素息息相关。皖西南,地处江淮,襟连吴楚,多种文化在此碰撞交融。同时因地形多为山地岗丘,建造民居时首先必须考虑地形、降水等方面的因素。其次受风水观念的影响很大,大屋多为举族迁徙的移民所建,特别注重风水格局,强调在因地制宜基础上达到"天人合一"。

(二) 形制与风格

作为传统村落中的古建筑,其形制以小型民居为主。在中国古代,建筑是最能将尊卑、等级外化的一种文化形式,故历朝历代均对建筑形制做出了严格的规定与限制,禁止僭越。僻居山野之草民无疑属于社会的最底层,因此,江淮西部的民居建筑形制亦属于最低等级。建筑的屋顶最具有标志性,有着明晰的等级划分,上至帝王宫室,下至平民屋舍,都必须遵从礼制的规定,不得逾制。中国传统建筑将屋顶的级别从高到低,依次分为庑殿顶、歇山顶、攒山顶、悬山顶和硬山顶五种。就屋顶而言,江淮西部民居建筑只能是最低级的硬山顶,而且还是卷棚式硬山顶,连稍高一级的夹山式硬山顶都没有。颜色方面,民居禁止使用彩绘,只能是黑白灰色,或黄土的原色;面阔开间,限制只能是三间,但很多时候具体尺寸会被放大;装饰方面,朴实无华,基本无装饰。此外,当然也无台基、无踏道。

建筑结构为木结构,地面分为砖石、三合土和素土三种。承重多为木框架,内部隔间采用板墙或砖墙。房屋基础为石砌浅基,外

图 2-5
雀替,雕工精湛
(李家老湾大屋)

墙多为青砖清水墙，亦有土坯。屋面为青灰小瓦覆盖。建筑工艺中多采用升、斗、拱、步梁拉枋、雀替斜撑木结构，给人以古雅明朗之感。

从建筑风格看，徽派建筑风格对江淮村落的影响最大，这和明清时期的几次大移民有很大关系。总体而言，大别山区的建筑外朴内华，既不似北方的严格中轴对称，也不像南方民居院落根据地形地势的自由式组合，可以说兼具北方建筑之粗犷与南方民居的秀美，呈现出明显的过渡与兼容特色。

（三）建筑材料

由于地处大别山区，同时受制于经济条件，传统村落的建筑材料多就地取材，选择木材、青砖、石材、黄土等当地经常使用的建材。其中，木料做柱和梁，石材做墙基，墙则分土坯墙和青砖墙两种。海拔较高的传统村落，使用石材、木材和土坯较多，而海拔低，经济、交通条件较好的村落，则使用青砖较多。不过，江淮西部传统村落中的建筑一般很少单一采用青砖为墙体材料，而是将青砖作为墙体的外层材料，内层搭配土坯，即俗称的"金包银"结构（外砖内土）。不同功能用房的墙体厚度略有变化，外墙面有粉刷涂饰，起到一定保护作用。因土坯取材最方便，大部分普通民居均为土坯墙，有些为土坯和夯土的结合形式，墙体密实，但易于破损、剥落状况严重，且土坯间缝隙有透风的情况。

除宗祠外，江淮西部传统村落中的民居多为单层，采用传统的屋顶形式，以硬山屋顶为主，两侧为马头墙。做法上从下至上为檩条、望板、苫背、板瓦。其中檩条、望板主要起结构作用，苫背、板瓦可以起到保温、防水的作用。

建筑材质的不同，造就了江淮西部风貌迥异的民居建筑风格。例如，西河大湾的民居建筑以土砖、石墙等为主要特点，建筑风貌典型，具有地方特色，村中石路、石凳、石桌也比比皆是。

二、典型古建筑

江淮西部传统村落中现存的古建筑主要以民居和宗祠两大类为主，另外还有具有防御功能的城堡式建筑。

（一）传统村落中的古民居

由于建筑材料及使用等缘故，目前保存基本完好的古民居多以聚族而居的建筑群为主，多建于清代，明代较少。安徽太湖县蔡畈古民居建于明成化年间，湖北罗田县九资河镇官基坪村罗家大垸建于明万历年间，是为数不多的明代建筑。其中蔡畈古民居、罗家大垸古民居、丁李湾古民居、朱家湾古民居、叶家大庄等保存较为完好，在规模、形制、建筑风格等方面具有代表性。

1. 蔡畈古民居

安徽太湖县蔡畈古民居始建于明成化年间，距今已有500多年的历史，有保存完好的古民居300余间，建筑占地面积约14600平方米，至今仍居住着70余户人家。古民居三面环山，主体建筑坐西北朝东南，分普通民居、堂心、祠堂三个等次。普通民居均是两层砖墙维护的土木结构，内外装饰较简单，坎上坎下民居连成一个统一的整体，户户有弄道相连，一条用青石垒岸的小河围绕着民居。堂心和祠堂是青砖小瓦马头墙，外观古朴典雅，内部结构立柱穿枋。立柱、大梁、驮梁采用的是当地自然生长、材质坚硬、防腐性强的槠树木材。堂心和祠堂这些徽派艺术建筑与古老的普通民居共同构成蔡畈古民居建筑群，其建筑规模和体量宏大，具有极高的文物价值和历史研究价值。从建筑结构布局来看，北方移民的凹型住宅对蔡畈古民居建筑形成巨大影响，民居外墙为砖砌，墙基用石块筑成，上面为青砖或土坯，内部为木架构，院落不大，属于徽派的"四水归堂"布局。整个民居的天井、堂心、架式、三雕都表现出传统徽派建筑的基本文化特征，同时又符合中国传统的宗教秩序和儒家的道德秩序，天井、堂心代表着神鬼人共居的精神格局，天井为神，堂心为人（祖先）。这些吉宅老屋的天井与堂心最有代表性，体现了本土建筑派生出的一种风水观念。

图 2-6
蔡畈古民居

自古以来，蔡畈就注重文化，培养人才，享有"书香门第、风雅之乡"的美称，为省级文物保护单位，2012 年入选第一批中国传统村落名录。村中至今还有保存完好的对联及匾额，共有匾额四块，分别是"攘患祺民""中书及第""荣增五豆""荻画年高"。另外有对联五副，分别为"汝南世泽长，敬爱家声远"，横批"荫怍举玠"；"尽忠守孝弘祖业，思齐厚德报亲恩"；"绳其祖武循善道，教以仁人树正纲"，中间为"天地国亲师"牌位；"立业修身怀仁以动，为人格物视宜而行"；"秉正培才建业修身怀六合，思齐守善尽忠守孝著千年"，横批"慈竹长春"。这些匾联都是蔡畈人世世代代立德修身、耕读传家的真实写照。

2. 罗家大垸古民居

湖北罗田县罗家大垸古民居建于明朝万历年间，据《罗氏宗谱》记载，明万历二十六年（1598），罗氏花费 5 年时间在三省垴山下建起占地面积约 8000 平方米的大垸。整个大垸分东、中、西三个分院，左右对称，主次分明，共有房屋 99 间，天井坑 32 口，内设纵横走廊，前有庭院，侧有花园。罗家大垸按照传统风水选址布局，坐北朝南，背山面水，负阴抱阳，倚青山为"来龙"，蜿蜒不绝，大院前面的半月形应星塘和环绕村落的义水河为"水"，对面的文峰山形似笔架，与方形大垸共同组成了天圆地方、阴阳合德的宇宙图式。

罗家大垸呈南北向中轴线对称布置，前低后高，井然有序。大垸采取三堂两横形式，中轴对称，此种空间布局体现着长幼有序的礼教精神。其内部三个分院的主体结构为一进三厅、两头四厢一围，既连为整体又相互独立。当时罗家有三子，长子居中，采用中庭式；

东边次子和西边幼子所居住的部分，分别采用三合天井式与排屋式。同时，以场坪、天井、走廊等连接与过渡，形成整个大垸的联系通道。大门过厅上层为戏台阁楼，过厅东侧是罗家的私塾，中间方形大坪为家族公共区域。三个分院落大门也有各自的过厅与上层戏楼，面对着厅堂，过厅与厅堂之间为天井。罗氏家族祠堂设在长子居住的中院落里，为祭祀祖先所在。

罗家大垸还有精美的石雕、砖雕、木雕，至今基本保存完好。特别值得一提的是，大垸具有相当完善的内部水系结构，不旱不涝，其排水系统现仍在发挥作用。

3. 丁李湾古民居

河南新县丁李湾村的古民居建于清初，以庭院式组合为主。其庭院组合坐落于缓坡之上，由低到高向后延伸，大院之中包含有多个相对独立的小院。自门楼进入后，侧墙上设有侧门，便于有匪寇袭扰时可以相互联络策应。前进院落的用处与北方四合院相似，多作为下人居住及堆放杂物的处所。每进之间均有侧廊和纵向过道供人往来，保持正房、中堂不受打扰，以体现对祖先、长辈的尊重和对宗法伦理、人文礼教的重视。因地处亚热带气候区域，加上山坡台地用地紧张，庭院面积较小，利于夏季防暑。随着院落向后深入，私密性渐强。各进院落中，堂屋是最重要的建筑，一般用来供奉祖先和招待宾客，中间或部分凹入形成檐廊。堂屋的等级在院落中为最高，主要体现在立面高度、装饰等方面，有的堂屋做成两层，上部平时做储藏之用，开有小窗，有的采用重檐的形式，这样的做法也有利于通风。此外，堂屋檐廊处多装饰有木雕，木雕内容有市井世俗生活内容，也有麒麟、鹿、花鸟等表达生活美好和诉求的内容。

4. 朱家湾古民居

安徽金寨县上畈村朱家湾的古民居,据说为清初时朱姓移民所建,该移民为明朝皇亲国戚。古民居距今约有400年历史,占地面积约6500平方米,建筑面积约4000平方米。古民居坐北向南,内分东西,为四进三路,两边各有两套厢房,共有72间房屋。一进为门厅,二进为会客厅,三进为主殿,四进为祖堂。每幢房屋间有天井相隔,两边厢房有回廊相连。

图 2-7　朱家湾古民居

古民居建筑群呈规范的长方形，秩序井然。

　　古民居大门朝南，为石门框，一对精致雕花的石鼓立在两侧门框前，门头两旁有一对精心雕制的石球，石鼓、石球雕刻工艺十分精美，具有明代特色；门楣上方砌有两眼方孔，疑为瞭望孔，这与朱家湾最初主人的身份相符。整座建筑以砖木结构框架为主，砖木结构雕饰山水、草木、人物、珍禽异兽，如麒麟送子、六合同春、龙凤呈祥等，附带彩绘油漆，华贵又古朴。青砖叠架的檐砖，雕有寿桃、龙凤呈祥图案，石柱柱础形态各异，石雕纹络精细，似同又有异。古民居内设会客大厅、戏

图2-8　朱家湾古民居残存的山墙

楼、绣楼、住宅、天井、花园、书房、回廊，外有空旷的公共场地，用作稻场、碾米场等。主要建筑的厅廊均呈穹形，顶棚与飞檐相呼应，厅房、书房及回廊均由方形釉面青砖镶嵌而成。

古民居前有一口大塘，碧波荡漾，满塘荷花，池塘边栽有树龄几百年的古树，后有遍山松林，林间古墓林立，碑文依稀可见，记载着村落中逝去的先人。

江淮西部传统村落中的古民居建筑，从形制到建筑材料，均具有浓郁的大别山地域色彩，也是皖南徽派建筑艺术与大别山本土民居相结合的典范，是大别山区古民居在漫长历史发展过程中的写照，可谓是反映大别山古村落曲折变迁脉络的"活化石"。

（二）传统村落中的宗族祠堂

明清时期，在中国的宗族社会里，宗族祠堂居于核心地位。它不仅仅是敬天法祖、祭祀祖先的地方，还是讨论家族公共事务的场所，同时具有助学育才、教化等功能，往往有戏台附设其中，是传统村落中最主要的公共事务中心、文化中心。由于江淮西部的传统村落基本上都是通过一波又一波的移民建立起来的，均为聚族而居，故宗祠就成为村落中最高大、最精美、保存最完好的古建筑。其中以西河大湾张氏宗祠、徐畈三槐祠和响肠方氏宗祠最具代表性。

1.西河大湾张氏宗祠

河南新县西河大湾的张氏宗祠，内部结构设计独特合理，外观雄伟。该村始建于明初，为自江西迁徙而来的张氏宗族所建。村落建筑呈"一"字形沿河排列,依山傍水,坐北朝南,符合阳宅风水择址布形的原则。张氏宗祠是整个村落中形制最高大的建筑,矗立在村口,雕刻精美,内有戏台,是全村的公共活动中心。旁边有一棵巨大的千年古枫杨,是水口树。

张氏宗祠为一砖石结构、抬梁式、硬山顶的四合院建筑,坐落于全村的水口位置,背山面水,左右互衬,四势均和。门前为自西向东流经全村的小西河,北靠狮子山,山

图 2-9 西河大湾张氏宗祠

明水秀，符合风水格局中"背靠为实，水抱宗门"原则。拾级而上，门槛很高，进入大门后，地势前低后高，这与民间历来"前低后高，世出英豪"之说法相呼应。宗祠内部的结构、布局与尺寸无不讲究，因为它关系着全村的盛衰荣枯。正面为明堂，是供奉祖先牌位之所。明堂坐落于台基之上，面阔三间，宽大方正，面对大门。祖先牌位只在祭祀的时候摆放，平日均另外收贮。祠堂作为全村的公共活动场所，还兼作其他许多公共事务用途。祠堂四面为廊庑，形成"四水归堂"格局，祠堂的前厅分两层，上层为戏台，两边自廊庑有楼梯可上，楼下的大门为内八字造型，大门和前厅连在一起，两侧有房间，平时为大型农具和舞龙灯、耍狮子的器具存放之所。祠堂的山墙为半圆造型，两边稍微收口，这在建筑风水中代表"金"字造型，这样的设计既圆润美观，又有利于导风，增强建筑的稳固性。整个宗祠高大规整、朴实无华，四周浑然一体，内有二层，高逾5米，坚固异常，在危急时刻可以作为村民的避难之所。大门周围有三块雕刻精美的石雕，保存十分完好，特别是门楣上方的"福禄寿"三星石雕，反映着那个时代中国人朴素而美好的生活愿望。

2. 徐畈三槐祠

徐畈位于河南光山县晏河乡管围孜村，占地面积约1平方千米，有文物保护单位25处，保护房屋367间，保护寨墙2千米，总体建筑坐东面西，前后共有七进。据说徐畈最早形成于元代，由于地处山间平原，交通便利，较为富庶，但四面无险，易于受到外界袭扰。徐氏于明末在此筑堡成寨，成为附近之中心。徐畈四面建有寨墙，墙外设壕，寨墙四角设堡，四面有门，并各有一吊桥，寨堡、寨墙

图 2-10
徐畈三槐祠

及吊桥现部分倒塌。徐畈现存的民居建筑群体多为清代和民国时期所建，砖木结构，结构灵巧，雕刻细腻，具有浓郁的地方建筑特色。徐畈建筑以祠堂为村落中心，群体组合背依中心，面对四方，家家相连，户户相通，建筑古朴，组合别致。

徐畈的祠堂叫"三槐祠"，墙上的每块砖在烧制的时候都刻上"徐三槐祠"四个字。其中，"徐"为姓，"三"指兄弟三个，"槐"是家族辈分，可见这是一个徐氏宗族的分祠。据悉当年徐氏家族壮大之后，开枝散叶，其中一支迁徙至此，因财力雄厚，为追念祖先恩德、祈求祖先继续庇护，故不惜耗资，定制青砖，建起"三槐祠"，并且在每块砖头上都刻上"徐三槐祠"四个字。三槐祠坐北朝南，宽大方正，中有门楼，青砖灰瓦，不及山区的祠堂高大，基本上属于徽派建筑风格。显然因为已经有寨墙，祠堂在建造时不需要防御功能，所以并未有防御设计。

徐畈因地处大别山区的中心,且土地平衍,交通便利,故土地革命时期曾是鄂豫皖根据地的中心所在,鄂豫皖省委就设在徐畈,其中闻名遐迩的鄂豫皖省委保卫部就在三槐祠办公。也由此,徐畈入选全国重点文物保护单位,成为鄂豫皖革命根据地旧址群的组成部分,有"红都"的美誉。

3. 响肠方氏宗祠

响肠老街是安庆一带非常有影响力的传统市镇,据相关地方文史资料记载,响肠老街起于元,成于明清。响肠原属潜山,1936年岳西建县时,划归岳西。响肠街道长约600米,宽约4米,石板铺砌,比较完整地保留了一批明清时期的古建筑,其中具有代表性的是清代的方氏宗祠、方氏谱馆和惜字亭。特别是惜字亭,为江淮地区所仅有,非常珍贵。

建于清康熙九年(1670)的响肠方氏宗祠为总祠,其规模与建制远超一般的祠堂,属于省级重点文物保护单位。方氏宗祠坐南朝北,为三进两庑四合院式建筑,占地面积约1500平方米,建筑面积约1000平方米,是典型的皖西南大屋。祠堂大门面阔三间,大门很简朴,连通常的砖雕门罩都没有,在当中的明间处有内陷设置,大约相当于进深的二分之一处,显得谦逊而退让。大门屋顶用四道带有飞檐的马头墙形成分割,最外面两道是与左邻右舍之分界,而里面两道马头墙则隔出门楼形状,门楼顶上高竖着一个铁戟,刺向天空,具有镇邪功能。门内为前门廊后过厅格局,大门内二层为戏台,面向中厅,台口设有栏杆,三面敞开,左右两边的走廊极宽,兼作看台之用。戏台上方有"以古为鉴"四个大字,而在整个建筑的顶部则高悬着"先祖是听"牌匾,寓意是强调设置戏台及演剧并不是

图 2-11 响肠方氏宗祠

为了娱乐,而是用来敬祖和教化。戏台左右各有一道门,上面标有"出将""入相"字样。因为考虑到观剧,故中厅院落面积很大。二进中厅面阔三间,三进神堂亦面阔三间,左右厢房各一间,祖先牌位都整整齐齐地排列在神堂之中,一年四时享用着后世子孙的奉祀。厅堂均为抬梁式架构,三个大厅共用十八根木柱支撑。中厅的墙上悬挂着一副对联"鄱阳世泽源流远,河间家声日月长"。这副对联诉说着方氏家族的由来,方氏与岳西大部分居民一样,都是明初的江西移民，自鄱阳湖畔瓦屑坝迁徙而来，故用"鄱阳世泽"表示不敢忘记江西祖籍；而若将历史溯及更加久远的话，则方氏家族又是在此前中原大乱时自河间南迁，客居江西的，"河间家声"即为此意。在江淮西部，大部分村落都是由江西移民建造的，类似的对联还有很多。寻根问祖、追本溯源既是中华民族的传统美德，构成中华民族生生不息的内生动力，也是传统村落文化的重要内容之一。

方氏宗祠在外观上给人以庄重、严谨、质朴之感，而高高的马头墙和翘起的飞檐又增添了灵动之气。走进大门后，祠堂内部的风格与外部却形成了鲜明对比，营造者极尽重彩、雕饰之能事。方氏宗祠以木雕为特色，在内部设计上，特别是梁柱间具有支撑作用的雀替，有飞凤、异兽等各种造型，十分夸张，色彩鲜艳。大厅前廊的顶部，用色大胆，青绿作底，橙红相衬，与传统徽派建筑的"黑、灰、白"基调完全不同，可谓独树一帜。

图 2-12
响肠方氏宗祠内景

方氏谱馆位于宗祠斜对面，坐北朝南，为一座两进二层的四合院。谱馆是宗祠的附属建筑，是专门用来修撰族谱、收藏族谱的场所。这也从侧面反映出方氏宗祠作为总祠的地位。

此外，在距离宗祠不到百米的石桥边还有一个惜字亭，居于宗祠的青龙位，既是方氏宗祠建筑群的组成部分，也可以视作独立存在的一个建筑。

惜字亭位于响肠老街的石桥旁，名为亭，实为塔。外观为三层六边之塔式建筑，塔以青砖砌成，外用白灰抹墙，塔顶立有一铁戟，高高竖起，直刺青天。塔高约 17 米，塔周长约 18 米，每层均以青砖砌成飞檐斗拱挑出，并用砖块构成各种花纹图案。底层中空，高约 3.5 米，五面砌有假门，唯有一面拱门可以进入，供焚化字纸用，门皆用红色喷涂。塔身上面两层均为实心。塔虽然不能登临，而上面有藤蔓垂下，在小镇上非常引人注目，自成风景。惜字亭正面镶

图 2-13
响肠方氏宗祠内部分木雕与雀替

嵌的石碑上刻有捐款户名，因为年代久远，除"惜字亭"三字外，其余字迹已经漫漶不可辨认。在塔的背面底部还有一块新的石碑，是 1995 年 8 月响肠镇人民政府所立，碑文为《重修惜字亭志》。从碑文中得知，惜字亭建于清光绪八年，即 1882 年，距今已有 100 多年的历史，为当地士绅捐资兴建，目的在于劝导当地百姓"重礼修文，奋发上进"。1995 年惜字亭被重新加以修缮。

后来在访谈中，我们又了解到关于惜字亭更多的信息。据说修建惜字亭，除了惜字重文，还有另外两个目的，其一是风水格局，响肠河边石桥为村落水口所在，建塔符合风水设置的要求，而且建塔处居于方氏宗祠的青龙位，可以完善方氏宗祠的风水格局；其二，当地响肠河的源头山思婆尖多次暴发山洪，民间认为这是传说中的蛟在作祟，如果不修塔镇蛟，响肠老街将永无宁日，遂改亭为塔，在此建塔镇蛟。看来，传统村落中的一瓦一木皆有深意。

惜字亭是目前江淮传统村落中仅见的用于焚化字纸的专门建筑。"惜字"为"敬惜字纸"之意，也就是要对文字心存敬畏与珍惜。对于古人来说，"惜字"包括两个层面的行为：一是敬重与敬畏文字本身以及文字所代表的传统文化；二是爱惜与珍视和文字有关联的各种载体，如书籍、字纸等。为什么会出现"惜字"行为？因为文字是文化与文明的象征，传统社会里大部分底层之人是没有机会接受教育的，读书识字者甚少，文盲率很高，通常都在 80% 以上，山区百姓中识字者就更少了。所以中国老百姓素来敬重文化人，并且把敬重文化与敬惜字纸联系在一起，字纸不得随意丢弃，若失去用处无须保留，则集中回收后送往某一特别场所用火焚化，否则就是亵渎和大不敬。所以古人往往会建造"惜字亭"，专门用来焚化字纸，以表达对文字的敬重，"惜字亭"也成为地方官员和文人

图 2-14　响肠老街惜字亭

销毁公文与墨书的地方。与"惜字亭"之建筑相类似的,亦有"敬字亭""敬圣亭""惜字宫"和"喜佛塔"。但是以往"惜字亭"多见于通都大邑和寺庙之中,在鄂豫皖交界处的大别山区是第一次见到,这说明岳西响肠老街历来就有尊重文化、传承文化的优良传统。

无论建造惜字亭的初衷是什么,响肠老街的惜字塔都是传统社会中敬重文化、重礼修文、奋发上进的象征,这也恰好印证了传统村落保护的意义与价值。

（三）传统村落中的另类建筑：顾荆乐堂

在大别山区的传统村落建筑中，还有一个较为另类的建筑类型——城堡式建筑，以顾荆乐堂为例。顾荆乐堂位于河南省商城县长竹园乡汪冲村的四方洼村，建造者为时任商城县县长顾敬之。该建筑始建于 1937 年，历时 8 年，1944 年落成。顾荆乐堂总面积约 3220 平方米，其三面环山，坐北朝南，面前为冲田，属于城堡式住宅，保存完整，大气恢宏，故当地百姓又叫它"行宫"。

在大别山区，顾敬之是一个富有传奇色彩的枭雄式人物。他 1888 年出生在河南商城一个农村小财主家庭，清末时就读于湖北法政学堂，民国初年混迹于商城地方，小有名气。1924 年，创办红枪会；1928 年，组织民团；1929 年，加入国民党，成为商城民团大队长，此后配合国民党军队剿共，残酷镇压共产党人；1932 年，被委任为商城县县长。1933 年一度被免职查办，不久后复出，依靠其手中掌握的民团武装，成为商城的实际控制者，抗战爆发后，复任商城县县长，并多次率队与日军交战；1946 年，因枪杀无辜百姓及横征暴敛等罪行，引起地方社会公愤，被河南省政府逮捕并判处死刑，其家人以重金贿赂官方后，其被羁押狱中；1948 年开封解放时，顾敬之乘机逃脱，后辗转逃至台湾；1972 年死于台湾。顾敬之是动荡年代中的异类，具有多面性，充满传奇色彩。

如同建造者一样，顾荆乐堂也是大别山传统建筑中的异类。顾荆乐堂不是普通的民居，而是堡寨式建筑，类似于城堡。其主体结构为清代小式木作抬梁式构架，建筑形式为砖石混合结构。三堂一线串珠，整个院落错落有致，流线分明。建筑房间共 88 间，正宅一进三重。第一重有 10 间，第二、三重各 5 间，四角建有炮楼，正殿

图 2-15　顾荆乐堂内院

高约 36.7 米，墙厚 0.7 米，进深 7 米。正宅两边各有 12 间二层楼的厢房，与三重正殿走马转楼结为一体。下层全部是用石柱、石墩、石条砌成的地下室，正殿下面的地下室仍是明室，供避暑之用，二殿下面的地下室是暗室，供储藏弹药使用，亦称"水牢"。顾荆乐堂建筑十分精美，屋脊花砖压顶，两角饰以鳌鱼。大理石砌成的正殿台阶有暗八仙装饰。楼前栏杆由八块木板组成，四角边有炮楼，与三重正殿连成一体。院内四周砌有精雕细琢的大理石花台，建有直径 2 米的圆形金鱼池，长 1.8 米的浴池。一进大门就能看到"顾荆乐堂"四个大字，二殿的后墙上写着"礼仪廉耻"四个大字，这八个字是山西太原的清翰林林铭达以每个字给"润笔费"四十块大洋达成协议而写成的，其中"礼仪廉耻"这四个字，看似阳刻，实为阴刻。围墙高4米，厚1米。四周山上建有7座雕楼，高13.5米。整个建筑，全是中国传统的宫殿式，飞檐走兽，雕梁画栋，栩栩如生。

之所以起名为顾荆乐堂，主要是由于"紫荆花开兄弟乐，庄田丰稼子孙耕""荆树有花兄弟乐，砚田无税子孙耕"等传统典故，顾敬之妻妾子女众多，他希望兄弟之间能够团结和睦、耕读传家，虽然他自己建城堡靠的是暴力、重典，但在其内心深处，中国传统的儒家思想仍然在根深蒂固地发挥作用。

建筑的功能不仅仅是遮风挡雨，经过漫长发展，建筑已经成为体现社会关系和建立合理社会秩序的工具。

三、个案研究：以安徽金寨县斗林村李家湾为例

安徽金寨县斗林村李家湾的古建筑群，占地面积约6400平方米，建于清代中期，距今已有约300年历史。李家湾的古建筑群由江西移民后裔李氏建造，前后施工近20年，建筑属皖西南大屋民居类型，受江西民居建筑风格影响很大，依山势而建，依山傍水。主体建筑有四处：李氏宗祠、李家老湾、李家下湾和李家上湾。

（一）村庄的由来

李家湾为清代的江西移民所建。根据现存李氏家谱记载的内容可知明末时李家一世祖济八公居于江西瓦西灞（即瓦屑坝），是当地一支江西明军的首领，在清军攻下江西后，济八公携家眷先是转战于湖北麻城等地，兵败后逃进深山避难，在当地落户，最初的居住地是张畈。大约经过四代之后，李家又搬迁到了斗林村，搬迁的原因是张畈一带土地紧张，不够分配使用，负责搬迁者为李氏先祖——李应时。据说，"斗林"地名也是李应时取的，他搬迁时，斗林还只是深山老林中的一处无名山坳，一眼望去到处都是斗粗的大树，故起名为"斗林"。

这段记录基本上能够反映出该区域清朝初年的历史情况，清朝初年，清兵在江西曾经遭遇激烈的抵抗，抵抗者既有明军，也有不甘臣服于异族的地方士绅百姓。但抵抗者最后还是失败了，不是被杀就是出逃，当时大别山区是逃亡的重要去向，因为大别山区多地在明朝时期被封禁，禁止百姓开矿或垦荒，因此地广人稀，甚至有的地方杳无人烟。从家谱上的这段历史记录看，民间仍然具有反清意识，只是被潜藏着，在无意识状态下被泄露出来。同时也说明移民自第一代迁徙至大别山区落脚后，经过数代人努力奋斗，开枝散叶，但因逐渐有人多地狭之局促，遂有二次迁徙之举，斗林即为再度迁徙之地。

此后关于李氏家族在斗林的发家经历带有一定的传奇色彩，据说李应时到斗林后边砍树边开荒种粮，由于漫山遍野都是大树，故砍倒的树就横七竖八地随意放在山岗上，一放就是三年，无人过问。到了第三年，一连几个月都是阴雨天气，那些原本干透的木头上长满了

图 2-16
李家湾民居内景

黑木耳，而且都是上好的黑木耳。李氏家族的财运终于到了。李家将这些黑木耳运到汉口贩卖，挣了许多钱，自此发家，成为远近闻名的大户。但好景不长，偶然的暴富遭到妒忌。李应时的妻弟看到李家人一夜暴富心生嫉妒，便勾结外地土匪在一个月黑风高的夜里冲进了李家，把钱财搜刮一空。经过这次劫难，李家人深刻地认识到富裕后安全的重要性。李应时的两个儿子李元、李志便开始着手建造李家老湾，在村口专门立窑烧砖。为了安全，也为了显示李氏家族的团结，建房时不请外人，建材全部由李氏族人合力抬到工地。据家谱记载，当时用的条石便是李家 16 人从山上抬下来的。大湾建成后李家又不断地将其完善，前后用了 20 年建成"商南第一村"。

(二) 建筑特征

李家湾的建筑以木结构框架为主，一幢三间，回廊连接，分割庭院和起居房屋，环境优雅，错落有致，结构严密，自然与人文相结合，庄园特色明显，传播"忠厚传家"与"耕读绵延"的家训和风情。木结构上有各式圆雕和浮雕，山水、草木、人物、珍禽异兽应有尽有，如《四季平安图》《麒麟送子》《六合同春》《事事如意》《狮子绣球图》《龙凤吉祥图》等，附带油漆彩绘，比比皆是，华贵又古朴。一色青灰砖瓦，上有垂花、寿桃、龙凤呈祥、砖雕，下有石柱、石桌、石雕造型，特别是柱础石雕都有形态各异的花纹，乍看相似却不相同。柱础均分为上中下三层，其中最上层承接木柱的部分为圆鼓形，中间为八角形，最下层是正四方形。柱础分为三层，目的是托举木柱更加稳定，因为木柱立于石础之上，靠二者间的摩擦力来保持稳定。三层石础叠加，不仅增添了美观度，给室内带来变化，也使得摩擦力更大，更加稳定。

据说当时建房前，李家人特意邀请风水先生现场踏勘，风水先生感慨万分，将此地形象地比喻为"螃蟹地"，村落东西两边各有一口古井，喻为螃蟹的双目，至今井水不枯。为呼应形象李家还在庄前建三口池塘，以便螃蟹嬉戏和筑巢。

李家湾古建筑群坐北向南，内分东西，中分三进：一进为门厅、吊楼，二进为厅堂，三进为堂屋。主要建筑的厅廊都呈穹形，顶棚与飞檐相呼应，整个厅房、书房、公共场所和回廊均由方形釉面青砖镶嵌而成。门厅为青石雕花，上有"忠厚传家"字样，两旁雕花石鼓，门框为双石套扣，将木门镶在其中，既坚固又美观，古朴大方。二进厅堂为三间，三块大匾高悬上方，内容分别为"礼隆三豆""淑德延龄""操坚寿永"。三进堂屋为祭祖之用，其室内雕刻、彩绘、家具等皆为珍贵艺术品，多在动乱时期遭受损失，仅存维修后的空房建筑，急需重修再现原貌。整体建筑有会客大厅、戏楼、住宅、天井花园、绣楼、书房、药店、回廊、稻场、碾米场等。

图 2-17 李家湾民居建筑细节

古建筑内建有假山、鱼池,并种植了屋檐草、茶花、海棠、百日红、紫薇等名贵花木,另外还有银杏、桂花、玉兰、木瓜、板栗树、毛竹等,院落四周四季常青、繁花似锦。

李家湾建筑群古朴雅致、自然和谐,东西两道山泉顺势而下,各设一口古井,从古到今古井从未干枯。门前的三口水塘,雨季蓄水,旱季灌溉,养鱼洗刷,倒映着古民居的沧桑历史。整个建筑采光充沛、冬暖夏凉,屋面排水、地面排水系统严密完美,屋面排水的大小阁沟处处相接，雨天各户之间往来从不湿脚。青砖条石修成的明沟暗道，由各院落通向外界自然排水，从古至今从未发生内涝现象。同时建筑结构还具备防护性，具有防火、防盗功能，设计时将高大厚重的青砖院墙与房外相连接，整个院落只留四道门，形成一个封闭的整体宅院。厕所、牛棚、猪圈在住宅外围集中建造，十分合理。历史上李家湾曾被誉为"商南第一村"，充分说明了这座古建筑的魅力。

民居布局合理，建筑核心部分精致美观、雕梁画栋，代表着一部完整的明末皖西建筑文化史，具有较高的文化艺术价值。另外，这个古老的村庄还曾经为红四军做过衣帽，并成为大别山游击队根据地，中共安徽省委、地委、县委革命根据地，刘邓大军挺进大别山伤病员养伤旧址等。它为中华人民共和国的成立做出了重大贡献，具有较高的文物保护价值。

第三节
江淮西部传统村落里的非物质文化遗产

非物质文化遗产也是传统村落文化的重要组成部分。早在 2004 年，我国已经加入《保护非物质文化遗产公约》，随后出台了各种保护政策与措施。2012 年的《关于加强传统村落保护发展工作的指导意见》中亦强调要关注传统村落非物质形态文化遗产的活态传承，加强保护。目前，在江淮西部地区保留下来的非物质文化遗产主要以传统音乐、传统戏剧和传统技艺为主,是区域文化的重要展示和体现。

在国家先后五次公布的国家级非物质文化遗产名录中,非物质文化遗产被分为十类,即民间文学,传统音乐,传统舞蹈,传统戏剧,曲艺,传统体育、游艺与杂技,传统美术,传统技艺,传统医药,民俗。目前江淮西部的非遗项目主要集中在传统音乐、传统戏剧和传统技艺三个方面。

江淮西部地区为鄂豫皖三省交界的大别山区,尽管分属三省,但是自然环境、风土人情、经济结构与历史发展基本相似,所以在非物质文化遗产方面也表现出很多相似之处,甚至出现同一个项目分属两地、三地的情况,如黄梅戏同时成为湖北和安徽的非遗项目,而大别山民歌则唱响三省。

传统戏剧方面的非遗项目最多,目前江淮西部的传统戏剧中,安徽有黄梅戏和花鼓戏,湖北有麻城花鼓戏、黄梅戏,河南有光山花鼓戏、罗山皮影戏。这主要是因为,大别山区地处中国的腹心位置,为南北东西各种文化交汇与激荡之所,加上移民迁徙和商人流动,使得当地拥有十分丰富的戏曲资源。虽然有明确的行政区域划分,但是对于生活在社会底层的流浪艺人来说,并不构成阻隔。

传统音乐也是大别山区的特色,河南信阳与安徽六安均有大别山民歌非遗项目,二者没有明显差异,这是因为两地山水相连,具有相同的自然环境和产业结构,而民歌又是来自生产劳动和生活的,都是大别山人抒发出来的真挚心声。

传统技艺即长期生活在一个特定区域内的人们利用当地的独特资源而形成的专门技术。因为受制于具体的自然资源,故一项传统技艺一般只有当地所独有,具有唯一性。大别山非常适合茶叶生长,故在鄂豫皖三省均有茶叶制作技艺，并都将其申请了非遗项目。

总体上，江淮西部的鄂豫皖三省山水相连，风土人情相近，具有共同的区域文化，故在非物质文化遗产方面亦基本保持一致。但是，鄂豫皖的黄冈、信阳、六安三地又各有特色。

一、传统戏剧

在江淮西部传统村落中，流传最广、影响最大的戏剧主要是黄梅戏和花鼓戏，它们也是其非物质文化遗产中传统戏剧类的代表。

（一）黄梅戏

黄梅戏发源于湖北黄梅县，源于当地的"采茶调"，故早期被称为"黄梅调"或"采茶戏"。大约18世纪后期，流传在安徽、湖北、江西三省毗连地区的黄梅采茶调、江西调、桐城调、凤阳歌等民间音乐，受到当地戏曲的影响，与莲湘、高跷、旱船等民间艺术相结合，逐渐演变成民间小戏。其中一支向东传入安徽安庆一带，经过发展，又吸取京剧的一些表演和动作，形成了自己的独有风格。到了20世纪50年代，黄梅戏逐渐被大众所接受，成为安徽主要的地方戏，也成为中国最有影响的戏曲剧种之一。

生于乡村草野、长于勾栏瓦肆间的黄梅戏，初期基本上是一种小农经济下自娱自乐的形式，编剧、演员以及观众也都是社会底层，表演手段简单。艺人们多是通过学习、借鉴，融合其他民间艺术形式，并从生活中直接模仿、提炼，从而创造出表演身段，具有浓郁的生活气息。经过百余年的传承发展,黄梅戏已经形成了独特的朴实通俗、清新活泼、雅俗并蓄、写意写实交织、体验表现相融、贴近生活的表演风格。

　　黄梅戏艺人从山歌小调、民间说唱、宗教音乐、青阳腔、赣调等各种艺术形式中广泛吸取营养,丰富和充实了自身的表现力,并创造出了平词类、花腔类的音乐唱腔。平词类是黄梅戏的主要唱腔,长于叙事,亦可抒情,表现力强;花腔类则脱胎于山歌小调,具有浓郁的民歌风韵,旋律轻松欢快,曲调活泼流畅。

　　黄梅戏的传统剧本,经典的有三十六本大戏和七十二本小戏,20世纪50年代后又改编创作了许多新的作品,其剧目绝大多数是以女性为中心的题材,在舞台表现上,人物也大都青春靓丽,"小生""花旦"为主要形象,表演风格抒情浪漫,舞台形象具有独特的妩媚与天真之气,人物基调都是纯美大方、质朴自然。2006年,黄梅戏被列入第一批国家级非物质文化遗产名录。

(二)花鼓戏

　　花鼓戏来源于民间花鼓表演,早在明代,打花鼓已经成为比较普遍的一种民间歌舞形式。其分布广泛,种类繁多,在鄂豫皖三省均有流传,是大别山区非常流行的一种地方戏曲,也是江淮西部非物质文化遗产中传统戏剧类的代表。

　　花鼓戏的早期演出形式是一旦、一丑演唱,后发展为边唱边舞。清道光年间,花鼓戏由二人对唱增加为小生、小旦、小丑的"三小戏"。后来随着发展,旦角又细分为小旦、花旦、正旦,生角细分为正生、小生,其他角色可以互代。表演时载歌载舞,唱词通俗易懂，多夹杂俚语，不避俗字俗语，多在庙会、年节时表演，也有艺人走街串巷，或在茶楼酒肆表演。"打锣腔"是花鼓戏的主要唱腔，特点是"一唱众和，以鼓击节"。花鼓戏的唱词粗犷爽朗、朴实活泼，小丑夸张风趣，小旦开朗活泼，小生俊朗洒脱，步法和身段丰富，善用扇子和手巾。花鼓戏的传统剧目繁多，多描写劳动、爱情等日常生活内容，充满浓郁的生活气息。

与其他传统戏剧相比，花鼓戏在民间更受欢迎。早在民国时期就有学者对此进行过探讨，著名文化学者陈子展专门撰文《谈花鼓戏》，总结花鼓戏的特色。他认为花鼓戏的特色表现在六个方面：第一，花鼓戏来自田间，带有极浓厚的泥土滋味；第二，花鼓戏反映农民的生活，是农民不自觉的最真实的自我表现；第三，花鼓戏大半由山歌变化而来，由山歌加以戏剧组织而成；第四，花鼓戏的题材大半属于民间男女两情相悦的爱情故事；第五，花鼓戏里的宗教思想与鬼神观念多属于道教，且富有人性；第六，花鼓戏许多剧目没有确定的剧本，需要辗转传承与即兴创作使之成为真正的大众文学。

正是因为花鼓戏具有这样的特色，在传统社会里一方面被视为"淫戏"而被禁止演唱，另一方面又深受民众欢迎而广为流传。所以，花鼓戏多在年节、庙会等大家都有娱乐之暇时进行表演，且多选择在偏僻地方，或三不管的交界地方，瞒着乡绅和官府演出。花鼓戏是农民自己创造、自己享乐的一种艺术。中华人民共和国成立以后，在国家的保护下花鼓戏得到很大发展。

二、传统音乐

　　江淮西部的传统音乐中，最具代表性的当属大别山民歌。大别山地跨鄂豫皖三省，历史上曾经有中原文化、楚文化等在此汇聚、激荡、交融，进而孕育产生了独特的地域文化，诞生出了众多物质与非物质文化成果，大别山民歌就是其中之一。2008年，经过安徽省六安市申报，大别山民歌被列入第二批国家级非物质文化遗产名录。就在同一年，位于大别山北麓的河南省信阳市，则以"信阳民歌"为名称申报并被列入第二批国家级非物质文化遗产名录。

　　为什么大别山民歌会得到如此之重视？这与其在音乐史以及传统文化上的重要地位分不开。民歌作为大别山文化的代表，极具地域色彩，不仅具有原汁原味的音乐魅力，更与大别山地区的历史人文、生活习俗、风土民情等紧密相连，具有极高的文化价值。

　　在影响非物质文化产生的各种要素中，以地理环境要素最为重要，因为一个地域整体的社会生活形态都是以地理为基础生成的。一方面，风俗生于自然，与地理环境有着千丝万缕的联系；另一方面，人文景观也是从根上模仿地理景观并符合地理环境条件的。鄂豫皖三省在大别山区毗连，具有非常相似的地理环境。大别山峰峦起伏、山水相依，人们从各方会聚至此，以山为田，营林伐木，以种茶为业，过着非常俭朴的生活。为了缓解山林田间劳动的艰辛和寂寞，大别山人便以山水风光、生活趣事、情感追求等为主题创作了无数自然淳朴、优美动听的民歌。这些民歌又经过不断地传唱，并在漫长的传承发展过程中，渐渐形成了地跨鄂豫皖三省、独具大别山风味的民歌类型。

　　以著名的革命歌曲《八月桂花遍地开》为例，这首歌曲词曲优美、动人心弦，自20世纪30年代后就流传全国，深得广大人民喜爱。《八月桂花遍地开》是由大别山民歌的旋律改编而来，但此歌的创作者始终没有定论。现有的资料提供了三位作者，分别是湖北红安七里坪的一个小学教员、河南商城戏剧艺人王霁初和安徽金寨列宁小学教师罗银青。无论其创作者是何人，如果大别山民歌因鄂豫皖省界而存在着明显的地域差异，自然不难区分，现在之所以难以确认，就是因为大别山民歌是一个整体，属于鄂豫皖三省交界的大别山区所有，是大别山地域文化的音乐体现，具有大别山独特的美学气质。

大别山民歌以山歌、茶歌、秧歌、排歌、小调、劳动号子为主，其曲调以山歌的粗犷豪放风格为主体，同时以淮河流域小调、秧歌、门歌等的抒情悠扬风格为辅。山歌的基本调式音域较宽，而小调音域则不甚宽。山歌旋律变化多端，以激昂呐喊为主，辅以舒缓的曲调；而小调节奏变化不多，有固定的模式，相对比较稳定。这种山水般的融合正是大别山民歌音乐旋律的独特之处。

大别山民歌传统曲调主要有"挣颈红"和"慢赶牛"两种。"挣颈红"粗犷豪放、高亢嘹亮，曲调多为高音，演唱难度大，层次感特别强烈。因为演唱起来特别辛苦，歌者往往会把脖颈"挣"得发红，所以这种曲调被形象地称为"挣颈红"。而"慢赶牛"则节奏平稳，多为农民用鞭子赶牛的时候演唱，曲调简单，节奏平缓，给人舒适随意的感觉，唱词多为七字五句体，容易演唱与记忆，旋律听起来既有棱角又流畅，像山水之间硬朗与温婉的结合，给人一种温和的转折之感。"挣颈红"和"慢赶牛"作为大别山民歌的基本曲调，正是凭借其简单质朴、清新明朗的音乐表现风格，在国家级非物质文化遗产之林中绽放光彩。

三、传统技艺

由于许多传统技艺对原材料的要求很高，故这些传统技艺类的非物质文化遗产多集中于原材料产地周围。茶叶是江淮西部大别山区最主要的特产，大别山区也是中国最重要的茶叶产地之一，不仅产量高、品种多，而且名茶突出，所以名茶制作技艺就成为江淮西部非物质文化遗产中传统技艺类的代表。

（一）名茶制作技艺

大别山区是中国名茶的重要产区，这里出产了许多中国传统名茶，如信阳毛尖、六安瓜片、霍山黄芽等，这些茶叶的制作技艺因此成为江淮西部地区非常重要的非物质文化遗产项目。

1. 信阳毛尖

信阳毛尖，又称豫毛峰，属于绿茶类，是中国传统十大名茶之一，主要产地在河南信阳，民国时期被正式命名为"信阳毛尖"。信阳毛尖的生产历史可以追溯到唐朝，北宋时期发展更为迅速，信阳由此成为全国的主要茶叶产地，此后一直兴盛不衰。"毛尖"一词最早出现在清末，信阳本地把产于信阳的茶叶称为"本山行尖"或"毛尖"，又根据采制季节与茶叶形态，分成针尖、贡针、白毫、跑山尖等种类。清末时期，信阳形成八家主要茶叶生产商，被称为"八大茶社"，他们的生产技术较高，注重品质，1913年产出了品质很高的本山毛尖茶，命名为"信阳毛尖"，并在1915年的巴拿马万国博览会上获得金奖。此后，信阳毛尖遂驰名中外，成为中国具有代表性的名茶之一。

经过独特的制作技艺生产出来的信阳毛尖，其色、香、味、形均有独特个性，茶香清新回甘，外形嫩绿有光泽，白毫明显，汤色黄绿明亮。传统生产工艺分为采摘、筛分、摊放、生锅、熟锅、初烘、摊凉、复烘、毛茶整理、再复烘等十道工序，其中最后一道"再复烘"是最关键的工序。信阳毛尖茶制作技艺于2014年被列入第四批国家级非物质文化遗产扩展项目名录。

2. 六安瓜片

六安瓜片，因茶叶外形似瓜子而得名，自然平展，叶缘微翘且色泽翠绿，大小匀整，不含芽尖、茶梗，清香高爽，滋味鲜醇回甘，茶汤清澈透亮，是中国十大名茶之一。六安位于大别山北麓，适宜种植茶叶。六安的茶叶生产历史悠久，唐宋时期六安已经成为江淮茶叶上贡的要地，茶叶贸易繁盛。明初时六安芽茶被朝廷列入特贡，天下闻名。根据六安史志记载和清代文人袁枚在《随园食单》所列名品可知，六安瓜片出现在清中叶，是由六安茶中的"绿大茶"演变而来，其为片状，形似葵花籽，因此被称为"瓜子片"或"瓜片"。瓜片茶以色、香、味、形别具一格而深得饮茶者喜爱。清朝，六安瓜片被列为名品入贡。六安瓜片采制过程分为采摘、扳片、炒生锅、炒熟锅、拉毛火、拉小火、拉老火七道工序，其中最有特色的是"拉老火"。"拉老火"是最后一次烘，对形成六安瓜片特殊的色、香、味、形影响最大。烘焙时，制茶工人需要不停地翻动茶叶，直到叶片绿中带霜时才能结束。这些独特的制茶技艺，使得六安瓜片成为传统手工制茶的杰出代表。2008年，六安瓜片茶制作技艺被列入第二批国家级非物质文化遗产名录。

（二）桑皮纸手工制作技艺

2008年，"桑皮纸制作技艺"被列入第二批国家级非物质文化遗产扩展项目名录，安徽省安庆的潜山官庄和岳西毛尖山两地同时申报，分别获得授予。

据《潜山县志》记载，桑皮纸的生产始于东汉末年，迄今为止已有1700多年的历史，当地又称之为"汉皮纸"。桑皮纸有大汉、中汉、小汉三种规格，全为手工生产，主要原料为野桑树皮，另外需要杨桃花、神丹皮和桐藤花来分解纸张的均匀度和轻度，按照节气和气温的不同决定使用哪一种，此外还需要使用石灰来除壳和漂白桑树皮。桑皮纸的制作十分烦琐，从最初的桑树剥皮到最后打包共有二十八道工序，具体包括：剥皮、出青、晒干、蒸、揉皮、抖壳、浆漂、洗晒、煮皮、洗清、初选、过滤、水漂、挤压、中选、打皮、精选、袋料、耗料、入筐下槽、划槽、加汁、搅拌、抄纸、榨干、烤晒、切纸、打包。制作好的成品不仅纸质柔软、纤维细密、纹理清晰、绵韧而坚、百折不损、光而不滑，而且吸水力强、不腐不蛀，主要用于书画、裱褙、典籍修复、包装、制伞等方面。目前潜山县官庄镇和岳西县毛尖山乡生产的桑皮纸质量优秀，经中国纸张研究所检测，已基本达到清代乾隆时期的工艺水平。2004—2005年故宫大修时，潜山、岳西两县手工制作的桑皮纸作为特选材料在工程中得到广泛应用。

潜山和岳西两地自然资源丰富，生长着大量的野生桑树，桑皮纸均选用一年生的野桑枝条取皮制成，野桑皮纤维均匀、拉力强、成浆率高、吸附力强，是桑皮纸性能独特的主要因素。长期以来，桑皮纸生产技艺在造纸工匠中秘密传承，没有形成文字记录，依靠实践体会掌握。各道工序均没有具体的理化指标，依赖多年积累的经验以把握火候。

桑皮纸制作是一门古老的手工技艺，过程复杂，操作严格，需要3个月时间才能完成生产，故该制作技艺具有较高的工艺和历史文化价值，是一份极其珍贵的历史文化遗产。

（三）其他传统技艺

在江淮西部的传统村落中还有一些手工技艺，如传统食品制作和特色手工等，虽然不像前面所提的名茶炒制、桑皮纸制作那些技艺具有独特性、唯一性，达到国家级非物质文化遗产级别，但也是经过长期传承留存下来的，而且对传统村落中的村民来说还具有特别的意义，在助力打造美丽乡村，发展特色旅游方面意义显著。

例如河南新县西河大湾村推出的观音豆腐和古法榨油，大受游客欢迎，观音豆腐是由本地山上观音树叶子经过传统方法加工做成的，具有清热解毒、养颜美容的功效。制作观音豆腐，要先将洗好的观音树叶反复搓揉，形成碧绿色的浓汁，将其过滤后再加入草木灰使之凝固成型，再加进各种调料便可食用。观音豆腐的外表呈墨绿色，很漂亮，而且散发着淡淡的清香，给人的感觉就是只有绿色的大自然才能提供出来如此美丽、健康的食品。而另外一种技艺——古法榨油则极讲究工艺，使用笨重的古法木榨，每一道工序都十分考究，无时无刻不在向游客传递着这样的信息：传统的、手工的，就是绿色的、健康的。

四、民间祭祀：邀大岭

在安徽六安有一种极具地方特色的民间祭祀活动，叫"邀大岭"。"邀大岭"融六安的民歌、舞蹈、民俗等为一体，是大别山的先民向文明初祖神农氏祈福的一项重大而古老的农耕祭祀民俗文化活动。"邀大岭"已形成定制，且世代相沿。2018年，农耕祭祀歌舞"邀大岭"已被安徽省政府确定为省级非遗保护项目。

"邀大岭"分为四大步：第一步为祈神农，求丰收。即祭祀火德王神农炎帝，仪程为——祭师率领山神、地神等八位神祇，穿神衣戴神帽，三绕神、三顶礼、三上香，之后诵文焚疏，即诵《祈神农大帝经文》，焚《具炎帝火德王神农大帝文疏》，然后祭师率领众神唱神歌、跳神舞，跳祭神舞时，枪炮齐鸣，锣鼓喧天。第二步为请神鸟，赐丰收。由于祭祀成功，神农大帝派出鹌鹑神鸟下凡助农丰收，歌手要用"挣颈红"曲调来大声演唱，以请动神鸟下凡，然后一对公母鹌鹑鸟（二神扮演）上场演《鹌鹑歪窝》。请神鸟舞是皖西崇拜古代农业图腾的独特舞蹈，舞的套路有：大鹏展翅、仙鹤磨云、金鸡独立、麻雀衔草、八哥洗澡、鹌鹑歪窝、交颈之眠等。舞蹈中众歌手要唱《鹌鹑歪窝》，边唱边舞。舞蹈结束，歌手再用"挣颈红"曲调唱《送神鸟》。第三步为跳五丰，庆丰收。舞的套路有剑显神功、行云流水、倒转绣球、回首望月、蜜蜂团花、谷济四方。第四步为斗歌。即参加者互相赛歌，赛歌在"歌篮子"主持下，村与村、人与人之间有次序地开展，所唱的歌曲以情歌最多，"歌篮子"出现失误，则不战自退，斗歌需遵循优胜劣汰法则。

在每个程序的开始、转换、结尾，均要用歌唱形式承上启下，每个程序中间还要加伴唱以突出主题。歌唱的曲调有皖西高腔"挣颈红"、柔调"慢赶牛"、花腔"灯歌调"、小调"嗨嗨腔"等。

皖西古老的农耕祭祀歌舞——邀大岭，反映了皖西古老农业文明的繁荣，是六安地区农耕文化的集中展示。它融祈神祭祀、民间舞蹈、大别山歌、皖西民俗于一体，具有浓郁的皖西地域文化特征和极高的农耕文明价值。

江淮西部的传统村落多是以宗族为单位发展起来的，这从目前尚保存完好的宗祠即可反映出来。但由于各种因素的影响，宗族的祭祀活动基本上不再举行，实为憾事，对于传统村落的保护亦不利。而"邀大岭"作为民间的一种祭祀活动，现在还能得到完整呈现，实乃幸事。

第三章

江淮中部 传统村落

江淮中部在地理上以江淮丘陵为主，在行政区划上以安徽省中部的市县为主。截至 2019 年，在江淮中部范围内的国家级传统村落共有 10 个，分布在六安、安庆、合肥、滁州和淮南等地，以环巢湖区域最为集中。这里的传统村落无论是布局特点，还是古民居的建筑风格，都具有江淮中部的特色，是南方徽派元素与北方四合院元素的融合，也是江淮中部历史文化的体现。

第一节　江淮中部传统村落的选址与格局

一、江淮中部的区域特征

（一）自然概况

　　江淮区域的中部恰好位于安徽省的中部，属于江淮丘陵，以海拔 50—100 米的丘陵岗地为主，也间杂有 300 多米高的低山，江淮分水岭就在其中，是大别山向东延伸的余脉。整体地势沿大别山东麓延伸，呈西高东低，丘陵起伏，岗冲交错，地形破碎。其间有以东淝河、南淝河和合肥为中心的狭长的蜂腰地段，是古代南北交通的要道。江淮丘陵以南为长江沿江平原，除了一些残存的低山丘陵外，地势低平、湖沼密布。

　　江淮中部地区地处暖温带与亚热带的过渡带，年均降水量

900—1000毫米，雨量相对充沛；受冷暖空气频繁交汇的影响，降水虽多，却存在着时空分布不均的问题，年内与年际变化很大，旱涝等气候灾害较为频繁，土壤对水分的涵养不足；部分地区有缺水现象，以地下水作为人畜饮水之源。其中，地处长江北岸的巢湖流域，自然水系发达，河流众多。自大别山区发源的各支流自西向东流注，经巢湖，由裕溪河进入长江。以巢湖为中心，四周河流呈放射状注入。较大的支流有杭埠河、丰乐河、派河、南淝河、柘皋河、白石天河、兆河等。巢湖自古即有航运灌溉之利，物产丰富，襟江带湖，是著名的鱼米之乡，在整个江淮中部地区属于经济发达区域。

（二）地域文化

作为南北中间地带，江淮中部地区的历史文化带有非常强烈的南北交融性质，突出表现了南北过渡性的人文景观。在西周春秋前期，江淮地区小国林立、群族分居，既有来自中原的移民，亦有当地土著。到了春秋后期，楚国的扩张矛头指向东北的江淮地区，其势力也已控制了江淮地区的西部，而江淮下游是吴国的势力范围，一度上演吴楚争霸之剧。当时吴楚两国交界处在今安徽凤阳、含山一线，双方呈攻防之势，互有进退，最后江淮地区尽为楚国所有。因为吴楚曾在江淮中部的巢湖一带多次展开争夺，故这里被称为"吴头楚尾"之地。

东汉末年，三国鼎立局面初成，曹魏和孙吴相持于江淮，为争夺对江淮的控制权多次发生大战，历时十年之久。双方主要集中在对巢湖地区的争夺上。巢湖北靠合肥，南经濡须口与长江相连，孙权的水军战船可以顺利进入，只要孙权控制了巢湖，曹操所占据的合肥形势便岌岌可危，如若这般，孙权之后必将乘机北上进逼中原。但是，如果曹操顺利占据巢湖，不但合肥成为其后方，令其可以高枕无忧，而且还可以顺水路进入长江，再南下进军江南。所以双方展开了对江淮地区的反复争夺，尽管曹魏始终没有能够突破东吴的防线，但是长期的战争给江淮中部造成的破坏非常大，江淮人口为之大减，十室九空。

其后，一旦南北有事，江淮中部便成为战场。南北朝时期、五代十国时期、南宋、元末和晚清等，江淮中部都是南北方反复争夺之地。其中，以元末和晚清两个时期影响最大，元末的群雄混战主要在江淮一带展开，最后导致江淮之间大部分地区成为无人区，到明初洪武年间这里成为全国人口最为稀疏的地区之一。洪武十一年（1378）清点土著旧民时，凤阳县仅3324户，每户以五口计，只有16620人。再以凤阳府为例，该府地跨淮河南北，面积约24000平方千米，土著旧户人口不到13万，人口密度每平方千米约为5人，其荒凉的情况可想而知，由此也可以理解为什么朱元璋对这里进行大规模移民了。

江淮地区再一次大规模人口损失是在晚清太平天国战争时期，当时长江中游的战事以江淮中部最为惨烈，人口数量骤减，以安庆、巢湖一带的损失最为惨重。据地方志记载，舒城县1802年时人口有40万，到1869年仅剩11万，损失人口占战前的72.5%。故太平天国战争结束以后，清政府也组织了向江淮中部地区移民。

所以，在很大程度上江淮中部的历史就是一部移民史，主要来自长江以南的江西移民和徽州移民构成了迁徙的主体，在他们的影响之下，江淮中部地区形成了独特的地域文化，并且以传统村落为主要载体具体而微地体现出来。

（三）江淮中部传统村落的分布

江淮中部范围内的国家级传统村落共有 10 个，较为分散，分布在六安、安庆、合肥、滁州和淮南 5 市的 6 个县级行政区划内，其中以合肥的巢湖最集中，有 4 个，安庆的桐城有 2 个，其余县区都仅有 1 个。从时间上看，主要被纳入在 2014 年的第三批和 2019 年的第五批中国传统村落名录中。

表 3-1 江淮中部传统村落一览表

地级市	县区	乡镇	村庄	时间
六安市	舒城县	晓天镇	晓天街道中大街	2013 年
	金安区	毛坦厂镇	浸堰村	2019 年
安庆市	桐城市	双港镇	练潭村	2014 年
	桐城市	唐湾镇	唐湾村	2019 年
合肥市	巢湖市	黄麓镇	洪疃村	2014 年
	巢湖市	黄麓镇	张疃村	2019 年
	巢湖市	柘皋镇	北闸老街	2019 年
	巢湖市	烔炀镇	烔炀老街	2019 年
滁州市	天长市	铜城镇	龙岗村	2014 年
淮南市	寿县	隐贤镇	隐贤老街	2019 年

如果将这 10 个传统村落根据产业性质来加以区分，可以分为农村与商业市镇两大类别，接下来再从名称即可进行简单划分，村即属于农村，共有浸堰村、练潭村、唐湾村、洪疃村、张疃村、龙岗村 6 个；街属于商业市镇，共有晓天街道中大街、北闸老街、烔炀老街、隐贤老街 4 个。但就在 6 个村中，还隐藏着不一般的内情，其中的浸堰村、练潭村和龙岗村都是由原来的区域商业中心嬗变而

来的，并非数百年来一直是传统的农业村落。这样独特的历史演变轨迹，必然会通过村落的空间形态、建筑形制等一一反映出来。

二、江淮中部传统村落的空间布局

根据目前的调研结果，江淮中部的传统村落大约可以分为三种类型，即巢湖沿岸的"九龙攒珠"型、商业性质的联排聚落型和充满军事防御色彩的圩堡型。

（一）"九龙攒珠"型

"九龙攒珠"型空间结构是巢湖沿岸传统村落的独特形态。巢湖黄麓镇的洪疃村、张疃村均为此种类型。

所谓"九龙攒珠"，是指村落分布在巷道间的狭长地块上，建筑前后相连，呈向心状排列，整齐划一，排列成行；巷道中修筑有排水明沟，与民居天井的排水管道连通；在村落中部，有水塘，民居排水通过巷道汇入此塘。水塘被称为"珠"，而巷道中的排水沟则如同"龙"，每当遇到大雨，所有的水流均通过九条水沟滚滚直入水塘，好似九龙戏水一般，因此称为"九龙攒珠"。

"九龙攒珠"有两大特征，即攒与聚。所谓"攒"，是指村落形成了以水塘为中心的排水系统，水塘成为水的中心；所谓"聚"，是以水塘为核心，全村建筑呈现明显的向心排列。

不仅洪疃村和张疃村两个传统村落是采用"九龙攒珠"规划模式营造的，巢湖沿岸还有一批结构、风貌与之类似的村落，而这些村落不只在结构风貌上类似，在村名上也大同小异。黄麓一带，历史上就有"三大疃"之说，指的是张疃、王疃、周疃，康熙《巢湖志》中记载了黄麓镇有"八疃"，皆以姓氏冠之，都是江西移民所建。而且巢湖一带还有许多村名为"姓氏＋数字"的形式，如吴兴一、梅寿二、杨元三、罗胜四、张日五、徐藏六、朱龙七、罗荣八、张日九等，在全国范围内极为罕见。这些村落都是用第一代移民者的名字命名的，移民在当地落户后，受到政府的管控，定居点名称一旦确定便不能改变。这些村落都是采用"九龙攒珠"式结构营造的，且随着环境的不同，又有新的变化。具体而言，"九龙攒珠"有三种变化形式：第一种是平行式，村庄巷道呈平行状排列，平面多呈正方形，这种形式应用最广，典型代表有张疃、洪疃等村；第二种是放射式，如中庙三户梅村，以半圆形或扇形水塘圆心为起点，规划具有放射形状的巷道，单体建筑从水塘往外开间越来越大，甚

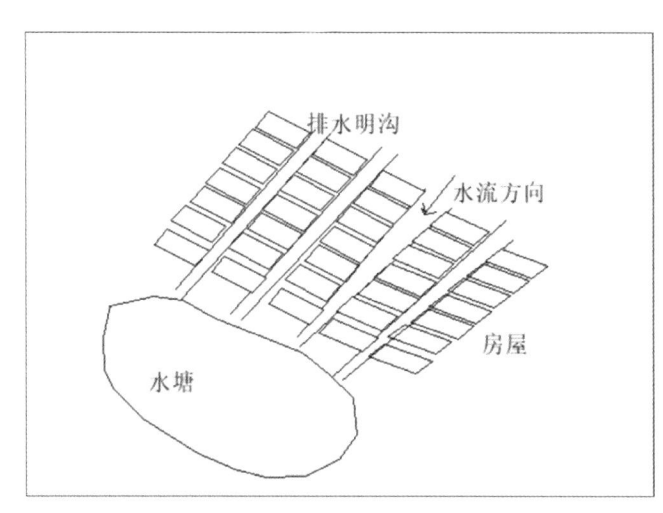

图 3-1
洪疃村"九龙攒珠"
景观示意图
（自绘）

至呈梯形平面，这类村落的平面最富趣味；第三种是剪刀式，如山门李村，这种村落结合了前两种村落的特征，村落外高内低，村落建筑围绕池塘形成近似垂直的两个片区，类似剪刀，当地人称此为"凹"形村落。

之所以在巢湖沿岸出现那么多"九龙攒珠"式结构的村落形态，和明初大批江西移民迁徙到江淮一带有关。根据专家实地考证，"九龙攒珠"型村落在瓦屑坝等地尚有留存，当地人称作"九箭射东塘"，这种村落规划起源于宋朝，到明朝开始成熟，随着明初江西移民的迁徙而进入江淮地区，又因为皖南移民的迁入民居建筑呈现出明显的徽派特征，如四水归堂的庭院设计，十排房屋，九条巷道，这就是"九龙攒珠"型村落的基本面貌。巷道口设闸门，可以防止盗寇侵扰，保证村落的安全，在张疃村用于防匪的闸门还保留了一处，建于清光绪二十九年（1903）。同时，"九龙攒珠"型村落明显具有一种统一的规划色彩，按照"九龙攒珠"格局规划出来的村落都是一里的规模，一个巷道两边各住10户人家，早期是明代的军屯性质的村落，其最初的规模在110户左右，这恰好与明代实行的赋税征收之里甲制度相吻合，十户为一甲，每一百一十户为一里，以此编立黄册，征收赋税。所以，"九龙攒珠"型村落结构应该是明初政府为便于对移民进行安置与管理，将民居因地制宜并加以灵活运用而设计推行的。

"九龙攒珠"型村落的严谨布局，不仅方便居民生活，同时也符合中国传统风水理念。村落的格局既寄托了移民认知家族渊源和寻根的情感，也寄托了他们对未来的希望。

（二）联排型

联排型聚落结构主要出现在由商业市镇老街形成的传统村落中，是江淮中部传统村落中较为常见的一种布局形态。江淮中部传统村落中，此种结构类型占比达七成。舒城晓天中大街、金安毛坦厂浸堰村、桐城练潭村、柘皋北闸老街、炯炀老街、天长龙岗村、寿县隐贤老街均属于这种联排型聚落结构，或"一"字形，或"十"字形，或"丁"字形等。

联排型聚落的原始形态为"一"字形，基本上为商业店铺，或沿河岸，或沿道路，呈直线排列布置。当一条直线上的聚落因容量关系无法继续延伸后，就向后形成平行或垂直的第二、第三条直线，换言之，即扩充至二进、三进，形成前店后坊的局面。由于经济繁荣，临街用地逐渐紧张，故建筑开始向空中发展，沿街修建起二层或更高的房屋。由于空间有限，各个建筑单体之间基本不再形成通道，故巷道数量较少，整个村落总体上呈现出联排形态，其商业性质非常明显。

在入选中国传统村落名录的 10 个江淮中部村落中，有 7 个都是原来的区域商贸中心，但是由于外界条件变化，特别是交通条件改变，导致原先的商业衰败，这些村落逐渐由商业中心转变为普通民居。虽然业已形成的空间结构照旧，但是人们的生产生活方式却发生巨大改变，由熙熙攘攘、人声鼎沸的商贸交易转而变成平平淡淡的普通家居生活，或者是日出而作、日落而息的农耕生产。其中，凡是被冠以××老街者，其位置多为城镇的临河街区，在水运时代，临河街区居于商业中心，但是随着公路、铁路等交通运输方式的兴起，水运地位大幅度下降，导致城镇商业中心转移。故尽管临河老街仍在原来城镇的行政范围内，但是其地位与功能已经发生很大变化，舒城晓天中大街、柘皋北闸老街、烔炀老街、寿县隐贤老街等均属于此类情况。至于像天长龙岗村、金安毛坦厂浸堰村、桐城练潭村，则是因交通运输方式变化带来传统商道的改变，使得这些原来水运时代的商业中心被彻底抛弃，被迫重新回到传统农业模式。毛坦厂浸堰村原来依托龙舒河与南河水运，是重要的水陆码头；桐城练潭村过去也是水陆码头；烔炀老街位于烔河、炀河交汇处；柘皋北闸老街依托于柘皋河水运；寿县隐贤老街则高度依赖淠河水运。但是历史变迁使得水运或被公路、铁路等取代，或因为水利工程修建导致传统水运线路中断，都使得这些传统商业街区的命运发生逆转，只有这种联排式建筑结构还在默默地回忆着逝去的昔日繁华。

以烔炀老街为例。烔炀镇地处巢湖北岸，居于合肥、巢湖两地的中间位置，濒临巢湖，地理位置优越，水陆交通便利，因烔河与炀河穿镇而过得名。据地方志记载，烔炀古镇始建于南宋，距今已有近千年的历史，明清时期进入繁盛，晚清同治年间建制设镇。烔炀镇原名"桐杨"，因水而生，桐溪发源于肥东的桐山，杨溪发源于镇北的杨山，二水交汇之处兴起成为市镇。由于地近巢湖，时常遭受水患，镇民以五行相克之故，特将镇名加上"火"，成为"烔炀"。烔炀镇是巢湖西部远近闻名的商业重镇。

烔炀老街为"丁"字形，以中街、东街和南街交会处的中闸口为起点，向东为东街200米，向北为中街100米，再向北为北街150米，从中闸口向南为南街600米，四条街道之间则散布着众多小巷，全镇号称"四街六巷"，现存明清时期古民居、古商铺300余间。建筑风格属于典型的徽派建筑，白墙黑瓦马头墙。青石板铺就的街巷十分狭窄，只有两三米宽，两边为两层的铺面。老街在清末时期最为繁华，店铺林立，商贾云集，交易繁荣。当时，镇上有各式商店300多家，还有一批知名老字号，规模最大的为李鸿章家族在此开设的当铺。当铺位于老街的东街，为三进五开间，占地面积1000多平方米，建筑面积约800平方米，当铺有装饰精美的石雕、砖雕、木雕等，排水系统完善，号称"江淮第一当铺"。

老街的中闸口还建有一座苏式建筑，这在传统村落中实属罕见，它是中华人民共和国成立以后的第一个农民实验文化馆的旧址。1950年，皖北行署利用黄麓师范的师生力量，选择群众文化基础较好的炯炀镇建立实验文化馆，组织辅导群众开展扫盲及各种文体活动，为新政权培养文化干部。

由于河道淤塞，途经镇北的铁路和公路逐渐取代水运，使得炯炀镇的商业中心向北转移，盛极一时的炯炀老街逐渐失去了商业价值，老街改以民居为主，北街也于20世纪70年代被拆除。

桐城练潭村也是一个典型代表，在变迁之中彻底丧失了原有的优势，基本完好的老街寂静无人，一片衰败萧条。练潭位于桐城东南，为桐城四大名镇之一。早在元明时期，练潭就是南方到北京古驿道的必经之处，明成化二年（1466）设置练潭驿，"驿当省会入都之冲，昼夜羽骑不绝"，可见其繁荣程度。清康熙设练潭镇，道光时置练潭巡检司，说明练潭当时属于地当冲要、经济繁兴之所，因为并非所有市镇都设置有巡检司，只有地隘民稠、商贾辐辏之地，才需要设置巡检司以控制税收、安靖地方。练潭作为桐城东南名镇，水陆交通便利，练潭河自西向东流入菜子湖，再与长江相通，舟楫往来，商贾云集，练潭因此成为区域性的商业集散中心。镇上的主街道长1300多米,宽5米,路面用麻石条铺成,两旁均为砖木结构的二层小楼,以木构架为主,有绸缎布匹、京广百货、粮行渔肆、茶馆酒楼等各式店铺200余家,每天从早到晚,车水马龙,络绎不绝。据说建于明代的袁家当铺是练潭保存最好的古建筑。中华人民共和国成立以后,水运逐渐被公路运输所取代,加之20世纪50年代末在一些内河通江的堰口建闸,使得原来的水路中断,依托水运的市镇遂一落千丈。1991年,练潭成为桐城双港镇下属的一个村。老街几乎空无一人,但走过时仿佛还能感受到当年此地作为交通要道的繁华,长街上当年的车轮印仍然清晰可见,两层小楼建筑皆为木质结构,当年繁华商道,今日垂暮老街,让人不禁慨叹世道沧桑。

图3-2
桐城练潭村

（三）圩堡型

圩堡型村落是江淮地区一种非常特殊的村落形态，是伴随着清朝中晚期农民运动和地方士绅举办团练而兴起的一种防御性聚落，是具有军事防御功能的民居建筑，从建筑类型划分来说属于城堡类建筑。尽管目前因为各种原因，尚无圩堡入选中国传统村落名录，但是圩堡作为独特的村落类型，蕴含着十分丰富的历史文化价值和地域特色。

圩堡，亦称圩寨，是江淮与黄淮一带曾广泛存在的一种民居形式。在建筑形制上，圩堡是以"外壕内宅"为主要特征，由水利系统、防御系统和居住系统共同组成的集生活、生产和防御等功能于一体的防御性聚落。从类型上看，现存遗迹多为地主庄园圩。在中国历史上，圩堡的起源可以追溯到魏晋南北朝时期的"坞堡"。清朝时，圩堡首度出现是在嘉庆年间，为镇压白莲教起义，清政府号召川楚一带筑圩自保，该措施很快即收到成效，四川、陕甘、湖北等地的农民起义被迅速镇压下去。圩堡的再次大规模修筑是在咸丰、同治年间，其背景是席卷长江中下游及黄淮的太平天国农民运动和捻军抗清，清政府再次使用筑圩堡之法，亦收到了积极成效，太平军和捻军相继败亡。在镇压太平天国过程中崛起的淮军集团，主要来自合肥及其周边地区，为了应对剧烈的社会动荡，淮军将领纷纷在家乡为自己建造圩堡式庄园，在合肥一带先后修建了100多个大小不等的圩子，形成了中国规模最大、最集中的圩堡庄园群落，其中规模较大的有两广总督张树声的张老圩、淮军记名提督张树屏的张新圩、台湾巡抚刘铭传的刘老圩、直隶天津镇总兵周盛传的周老圩、直隶提督叶志超家族的叶大圩、福建陆路提督唐定奎家族的唐五房圩、徐州镇总兵董凤高家族的董大圩等。

江淮地区的圩堡庄园主要集中在丘陵地带，因为便于蓄水。圩堡的面积大小不等，连同壕沟在内一般为30—200亩，整体构造上呈现"一心多环"的形态，突出防御功能。圩堡的布局特点是"外圆内方"，圆形布局的水圩民居建筑总体来说节约材料，外观的每个角落都不会出现死角，有很好的建筑视觉，而方形院落则是中国古代建筑中的必备元素。圩子外环开挖深壕，壕沟分单壕与双壕两种，内砌石墙，四角建有碉堡，与外通行则利用吊桥。圩内建筑则与通常的庄园相似，强调居住生活功能，房屋以砖瓦建成，多至百十间，包括正厅、客厅、堂楼、书房、花园、库房等。在建筑风格上圩堡既精美华丽，又比较朴素实用，受条件限制，建筑用材不太讲究。

20世纪初，随着以李鸿章为首的淮系退出历史舞台，其后代的政治地位发生变化，江淮圩堡庄园亦由将门府第演变为普通的地主

图3-3
张老圩防御体系简介牌

庄园。中华人民共和国成立后，圩堡庄园则被没收充公，政府将其改建为学校、粮站、农场、医院和养老院等，如张老圩、周老圩被改建为中学，刘老圩则成为军队仓库。圩堡内原有建筑也大多因不符合新功能的需要而被拆除和改造，但圩堡的壕沟得到保留，因为其具备围墙和用水的价值。由于大部分圩堡后来都被平毁，目前保留下来的圩堡不多。

江淮中部的圩堡，除了上述的地主庄园外，还有不少民圩，属于民间修筑而成，修圩也是出于自卫防匪的需要。在精心打造之下，每个圩堡都是一座小小的城，由壕沟、围墙和堡楼组成，对于一般的盗匪具有极好的防御效果，在一定程度上保障了一方平安。

与"九龙攒珠"型的移民村落、联排型的商业聚落相比，圩堡型庄园有其独特的历史文化内涵，既是晚清那段风云跌宕历史的物质载体，蕴含着无数的历史信息，也因兼具北方建筑粗犷之气和江南园林灵秀之美，体现了江淮地区兼容并蓄的文化特质。另外，江淮圩堡庄园中还具有淡淡的西方舶来文化色彩，如唐五房圩中的转心楼、刘老圩中的西洋楼，虽然不多，但却昭示着一个新时代的到来。

三、个案研究：以安徽巢湖黄麓镇洪疃村为例

（一）洪疃村概况

洪疃村是安徽巢湖的一个传统村落，位于巢湖北岸，面湖靠

图 3-4
洪疃村

山，坐落在风景秀丽的西黄山南麓，具有良好的自然生态环境。村子北面耸立着七座青翠的山峰：大黄山（西黄山）、二黄山、三黄山、团山、稞子山、窝子山和战山。

（二）洪疃村的由来

洪疃村建立以前，从瓦屑坝迁徙而来的移民张氏、黄氏、庄氏先民在巢湖北岸先建成了两个小村——徐疃和九黄疃。所谓疃，是"屯"的变音，这两个小村都是早期的民屯，移民们以此为据点，开垦周围的土地。村庄建成后，产生了一个问题：在西黄山地区，山水常常灌流而下，难以控制，下游地区为了保证农业生产，必须在西黄山上修筑一个水坝，才能调蓄洪水，保证丰收。徐氏和黄氏一起前往西黄山修坝，与他们同行的还有庄氏。他们来到山区后，选择了面向下游冲田的一个较窄的山口修筑了一个水坝,水坝长150米左右,高差在6米以上。通过这个拦水坝,山水在水坝前形成了一个小小的湖泊,由此农业生产有了水源。为看护好水坝,逐渐在此形成了一个村子叫徐家坝,村子呈正方形,是一个下水系统设计得十分精妙的村子。它位于坝下的缓坡,村子规划有九条巷子,巷子里修着下水道,巷子前有口水塘。下雨的时候,村里的水就通过下水道直流进水塘,当地人形象地称它为"九龙攒珠"。徐家坝建好之后,在它的东边也建起了一个小小的村落,其中居住着徐家坝以后的主人——洪氏。洪氏是从徽州迁来的,按照族谱的记载,他们是唐代歙县观察使的后代,又称桂林洪。

到了清代初期,突然发生了一件影响巨大的事情。据说,徐家坝里居住的三个家族之一——庄氏家族突遭横祸,族中一个叫"隆

图 3-5
洪疃村庄氏古井

公"的人触犯了朝廷律法,被满门抄斩,庄姓都匆匆地逃离了这个村庄,留下了空空的建筑和房屋。后来洪姓搬到了这个村庄,成为徐家坝村的第二批移民。洪氏来到徐家坝之后,开始慢慢拓展,逐渐成为村中最大的家族。在乾隆年间,他们建起了洪氏宗祠,也是全村唯一一处祠堂。洪氏在取得了村庄的领导权之后,村庄的名称也发生了改变——徐家坝改成洪家疃,而原来因为兴修堤坝而形成的小水库也改名为"清水塘"。

之后,来自东部小村的张氏家族也来到了洪家疃,张、洪等姓氏慢慢地融合,形成了

图 3-6　洪疃村口的清水塘

村落里最大的宗族势力。到了近代，洪家疃已经成为西黄山脚下第一大村，他们拓宽道路，兴建商业街，甚至计划修筑运河，以促进村落经济的发展，洪疃村就这样正式形成了。

（三）洪疃村的"九龙攒珠"格局与人文景观

洪疃村的村落格局形成于明代初年，是洪武大移民的产物。因为巢湖一带的移民迁徙自江西，故把江西地区所流行的"九龙攒珠"的村落规划形态带到了江淮中部的新家园，在巢湖沿岸的丘陵地带有许多移民村落都采用这样的空间布局结构。洪疃村作为其中之一，不仅拥有"九龙攒珠"型的布局形态，而且文化底蕴深厚，农业发达，人文荟萃，堪称巢湖地区传统村落中的典型代表。

洪疃村按照"九龙攒珠"的规划建造整个村落，全村的房屋前后相连，呈向心状排列，整齐划一，排列成行，每行10—15户，相互平行；房屋之间为宽约2.5米的巷道，修筑有排水明沟，与民居天井的排水管道连通。这样的排水系统的核心要求是，村庄要建在缓坡的丘陵地带，在地势最低的地方挖出水塘，一排排房屋规划有序，民居的天井都修有阴沟，与巷道边的水渠是连通的，水通过巷道沟渠接入涵道流入清水塘。洪疃村的巷道一共有11条，依次为北边巷、张家巷、徐家巷、大巷、缩头巷、中间巷、黄家巷、古井巷、弯巷、南边巷、祠堂巷。

作为传统村落，除了"九龙攒珠"格局特色外，洪疃村还有其他的著名人文景观。整个村落左边是古民居，著名爱国民主人士张治中将军的故居与洪氏宗祠位于其中，右边是市级文物保护单位黄麓师范学校，中间则是半月形的水塘，成片的水杉、皂荚斑驳掩映，水塘周围还有水口林，古树参天，宛如一幅山水田园画。

著名爱国民主人士张治中将军的故居为20世纪30年代所建，现为全国文物保护单位。故居为砖木结构，小瓦屋面，属于徽派建筑风格。四水归堂，面阔五间，原为四进六厢，后二进在抗战中被日军焚毁，现为二进两厢。故居坐落于缓坡之上，一进比一进高，背靠黄麓山，面对半月形水塘，取面水生财之意。故居整体上朴实无华，具有耕读之家的风范。大门并非正对门前道路，略有偏斜，因为当地人普遍相信，门偏斜可使家中财气不外泄，民间俗称为"歪门邪道"。偏斜后形成的门厅平面接近梯形，故居门厅的地上铺的是水磨石。

洪氏祠堂位于黄麓镇洪疃村内，始建于清代初期，原汁原味地保留了洪氏祖籍地的徽派建筑风格，八字开头的大门，重檐翘角的门楼样式，建筑特征显著，为江北少有的标准徽派建筑，被誉为"江北最美祠堂"。其门楼是精巧的斗拱设计，顶部挑檐，梁托上有精美雕花。可惜的是，如今它年久失修摇摇欲坠，亟待修葺，祠堂内长满了杂草，目前处于封闭保护状态。

张治中看到家乡教育落后，于1928年捐资办学，在洪疃村北创办黄麓学校（一部），在张家洼改建张氏宗祠为黄麓学校（二部），并于1929年春开学。1932年又创办幼稚园，从而形成了完整的乡村教育体系，这在当时的中国农村属于创举。黄麓师范学校还采用小先生制，在黄麓附近的各村兴办"乡农学校"，由黄麓师范的学生担任教师，为乡村扫盲和初等教育的普及开辟了捷径。学校生机勃勃，社会影响很大，自建校以来，已经为社会培养了大批人才。

图 3-7
洪疃村洪氏祠堂

图 3-8
洪疃村洪氏祠堂侧面

（四）历史价值

洪疃村至今仍是巢湖岸边的一个传统山村，保持着以农耕为主的生产与生活方式，"九龙攒珠"型布局的排水系统一如既往地发挥作用。但是洪疃村又不仅仅是一个简单的农业单位，就其历史而言，它不仅是明初大移民的产物，而且与民国政治、乡村教育等发生密切关联，在一定程度上可以说是明清以来整个中国社会演变的一个典型区域。从中国传统村落研究的角度来说，其作为江淮中部传统村落中的代表，亦极有价值。

第二节
江淮中部传统村落中的古建筑

在人们的印象中，江淮传统建筑应该与皖南相似，粉墙黛瓦，还有雄伟壮观的马头墙，体现出浓郁的古色古香的徽派韵味。其实不然，就整体而言，江淮中部传统村落中的古建筑，是在融合南方徽派建筑与北方四合院建筑的特点之后形成的，既有江南民居的精细，又有北方民居的简洁大气。但是由于江淮中部地区的传统村落分属为农业村落与商业市镇两大类型，其生产方式的不同带来了生活方式的差异，这些差异又通过建筑的种类、形制等方面得到具体体现。

一、古建筑概况

（一）古建筑种类

江淮中部传统村落中的古建筑种类繁多，根据其不同的功能用途，分为民居类、祭祀类、宗教类、防御守卫类等。其中以民居类最多，既有乡村特色民居，亦有市镇中比邻而居的民居，包括独立单体、天井院落式、合院式、多进式等；祭祀类的宗祠仍然是乡村社会的核心，但无论是数量还是规模，都已经让位给市镇里的各种宗教类建筑，如真武庙、火神庙等各种宫观寺庙；圩堡成为防御类建筑的典型代表，是江淮中部传统村落的重要组成部分。

（二）形制与风格

在南北建筑风格影响下，江淮中部传统村落中的古建筑形制外观颇为相似，基本上都是单檐、硬山顶、马头墙、三开间、青砖小瓦，无台基。其形制起源于明洪武二十六年（1393）的规定，即庶民庐舍不过三间五架，不许用斗拱、饰彩色。此后明清500多年时间里一直相沿不废，对普通民宅在屋檐、屋顶、开间、瓦色、台基等方面进行具体限制，不得逾矩，也造就了风格近似的古代民居建筑。但是仔细考察，江淮中部的乡村和市镇民居建筑，在基本风格相似的同时也存在若干差异，可谓同中有异，出现这些差异的主要原因是生产与生活环境的不同，乡村较为开阔，坐落在山野之间，户与户之间保持独立，每个单体相对功能完整，几乎没有公共部分，如具有消防隔火功能的马头墙就很少在乡村民居中出现，乡村民居以彼此独立的院落式为主；而市镇的空间有限，建筑鳞次栉比，民居沿着街巷、河岸等展开分布，相互之间关系紧密，在普通民居中很少出现具有完整功能的单体建筑，公共部分比较多，所以市镇民居建筑密切相连，只能向纵深发展。在向纵深发展过程中，根据具体情况之差异，又形成了南方的天井式、北方的合院式，以及多进多院等不同风格类型。沿着街巷看去，房屋鳞次栉比，马头墙错落有致，形成了优美的建筑轮廓。这种由于建筑空间差异化而产生的民居类型，区别较小，在一般人看来往往是可以忽略的，但在2014年住建部编纂的《中国传统民居类型全集》中，江淮民居被专家学者细分为十三种传统特色民居，其中就包括"江淮院落式民居"和"江淮天井式民居"两种。

所谓江淮院落式民居，包括三合院、四合院等。其建筑的平面外墙大致呈方形或矩形，三合院为建筑三面围合而成，南北为正房，中间夹一单坡敞廊；四合院则建筑四面围合，庭院在中心，房屋绕院落成为一个对外封闭的住宅。院落式民居融合了北方建筑的院落布局模式和皖南徽派建筑的部分元素，形制古朴，有明显的中轴线，空间形式和空间组织模式充分反映了家庭结构、家族关系和家族生活，是江淮民居的代表建筑类型之一。院落式民居主要分布在江淮中部的乡村地区，特别是在环巢湖区域出现较多，黄麓镇洪疃村的张治中故居就是典型的江淮院落式民居。

天井是传统徽州建筑的典型标志，故在徽派建筑风格影响下，以天井为中心的民居样式也成为江淮中部地区分布最为广泛的传统民居样式之一。"江淮天井式民居"的建筑形式具有江淮地区典型的建筑特点，布局严谨，设计精巧，既满足了部分深宅内的采光、通风和排水等功能，又与天通与地连，具有江淮民居建筑发展的地方特色。主要在江淮中部的各个市镇广泛分布，江淮地区南部也有分布，其中较为典型的天井式民居建筑位于巢湖烔炀镇、柘皋镇和肥西三河镇等地。

江淮中部之所以出现北方院落式与南方天井式两种民居类型，与江淮地区的特殊地理位置分不开，江淮也由此成为中国北方与南方两大建筑风格交汇融合的地带。一些官宦人家又在此基础上发展起了多进院、多落院，通常为三进、四进或更多进。多进建筑又向中轴线两边进行横向发展，组合形成具有更多院落、天井的更大宅院。层次丰富，极具变化。

此外，江淮中部还有圩堡式民居，以黄淮平原最多，受战争等因素的影响，在合肥周围也出现了一些圩堡式建筑。圩堡式民居融合了北方合院式民居、南方天井式民居、山地堡寨及水网地区圩子民居的特点，是由水利系统、防御系统和居住系统共同组成的集生活、军事、防洪、生产等功能于一体的综合型聚落，有着鲜明的时代及地域特色，总体上可以分为士绅居住的庄园圩和普通村民居住的村民圩两类。在《中国传统民居类型全集》中，亦将其列为江淮地区特色的传统民居形式之一。

（三）建筑材料

江淮中部传统村落的建筑比较朴素，材料普通，以当地常见的砖瓦、木材为主要建筑材料，采用传统建造技艺建造。其中，屋顶材料基本为灰色小瓦，以底瓦和盖瓦一反一正，合瓦铺砌，呈鱼鳞状排列。底瓦一般直接置于房椽之上，盖瓦则放置于底瓦垄间。屋顶为双坡硬山顶，坡度较陡，屋角多不起翘。屋顶的正脊造型简单平直，没有吻兽，仅用小瓦片叠成造型各异的空花作为装饰，具有变化又不失质朴风貌。

墙面分为砖墙和土坯墙两种。市镇里的建筑外墙均为青砖砌筑的清水墙，白灰勾缝，因不承重的缘故多为空心墙，立砖砌筑，中间空心用泥土杂物填充。这种墙既省砖又保暖，外表青砖挺立，勾缝清晰可见。土坯墙是用黏土与稻草等混合后制坯砌筑而成的，通常又用砖或石块在房屋的墙裙部位加固。

木材主要使用在房屋的木构架和门窗上。木构架由抬梁式与穿斗式两种组成，抬梁式源自北方的四合院结构，穿斗式则由南方干栏式建筑发展而来，江淮民居将这两种结构融合，灵活运用，抬梁式多用于明间梁架，穿斗式多用于次间或山面。由于通风、采光的需要，木制门窗使用广泛，基本上保留木材的自然色，很少使用油漆。

小瓦、青砖的大面积广泛使用，使得青黑、深灰成为房屋的主色调，白灰勾缝则突出建筑的灰黑色调，加之木制门窗的原色，都使得江淮传统村落的民居建筑在整体上呈现出素雅沉稳、古朴宁静的形象。

二、典型古建筑

虽然江淮中部仅有10个传统村落被纳入中国传统村落名录，但其中多属于昔日繁华市镇，后因交通等因素导致衰败，故保留下来的各式古建筑种类繁多，形式各异，具有独特的历史文化价值。

（一）传统村落中的古民居

从时间上看，目前保留下来的古民居大部分为晚清时期所建；从风格上看，则体现了南北建筑文化交融之下的江淮民居特色；从用途上看，以市镇商业店铺居多，因为目前江淮中部传统村落中，除洪疃村、张疃村和唐湾村之外，其余或为老街，或为市镇演变的村落。

1. 桐城唐湾村

桐城唐湾村的古民居坐落于江淮丘陵地带的西部，始建于明代末年，为明代移民再迁徙后所建，故其建筑风格与江淮西部大别山区的传统村落较为相似。

古民居建筑均为砖木结构，木构架为穿斗式和抬梁式两种，檐墙和檻墙均为青砖墙，错缝平砌，坚固承重，房屋内部则以编泥墙或板壁相隔开。建筑整体上朴素，只有局部有装饰点缀，院落大都以鹅卵石人字墁地，门楼地面以方砖斜铺。

唐湾村的选址布局充分体现了"天人合一"的传统观念，三面环山，背靠凤凰山，前临八卦田和北冲河，北冲河与乌龟山相缠绕，在村前形成独特的八卦田景观。村落顺应地形，由东南向西北逐层构筑，以院落为基本单元自然布局。屋檐下有排水沟，回环曲折后通向暗渠，共同形成了完善的用水排水系统。在房屋建造上，以宗祠为中心，族人的住宅环绕祠堂而建，最核心的宗祠位于凤凰头的位置，其他建筑则在宗祠之后展开，密集成团，顺应地形山势逐层抬高，形成相互依存的几组院落，既相互独立，又通过弄廊连接在一起，纵横交错，迂回有致。户户之间皆有侧门相通，关上独立成户，打开则全村成为一个有机整体，村民称此门为"和气门"，体现了山区居民聚族而居又独立成户的特点。

2. 毛坦厂镇浸堰村

浸堰村是毛坦厂镇的老街，位于大别山东麓的安徽省六安市金安区最南端，迄今保存完整。老街上的明清古民居，连同整体古旧清淡的老街，呈现出一种经历风雨浸染的色调。

老街始建于明初，全长约1320米，呈南北走向，两边的房屋经数百年风雨剥蚀，已经有些支离和朽败。街道全用青石条与鹅卵石铺砌，宽3.7—5.3米，街道中间为一溜青石板，位置最高，为旧时独轮车送货行走之用，其余则以碎石铺砌，路面向两边略为倾斜，便于排水，路边与房屋交界处有一排水槽。临街房屋有750多间，民宅近百户，店铺有200多家。为了治安和防御匪患，老街两端建起了碉楼，又在东西南北四面入口处建闸门，晚上落下，白天开启。老街上的店铺商号以茶行最多，兴盛时大小茶行有近百家，著名者为黄春和茶行、黄豫大茶行、黄泰来茶行等。店铺为前店后坊带住宅，多为二进、三进院落，木结构，铺板门，天井院，风火墙。清末时这里已经形成了七街、六帮之规模，"七街"即上街、中街、下街、侉子街、南京街、油坊街、牌坊街；"六帮"是指在古镇经营的商家，有六邑帮、旌德帮、河南帮、湖北帮、南京帮、庐阳帮。老街的建筑年代久远，种类丰富，有明代的五柱排山出廊房、清代的大驮小重梁封火山房，处处呈现出浓郁的大别山区民居的特色。浸堰村最具有代表性的建筑是涂公祠和涂公馆。

涂公祠，又称涂氏家祠，为晚清名臣——光禄大夫湖广总督领兵部尚书涂宗瀛所建，坐落于镇南，清光绪十二年（1886）开始动工兴建，光绪十五年（1889）落成，于当年年底举行祭祠大典。时任刑部侍郎的霍山人吴廷栋、安徽巡抚德寿、六安知州吴恭等许多达官显贵都纷纷前来祝贺。家祠是显贵之家在修建住宅的同时，建造的专门供奉本家族嫡系祖先和考妣的祠堂。它是家庙的遗制，一般位于住宅的中心。涂氏家祠为典型的徽派建筑，平面为三进两天井的四合院式，祠堂外观雄伟，富丽堂皇，青砖灰瓦，高脊飞檐，曲径回廊，雕梁画栋，内部为穿斗式木构架。公祠前为家庙，后为公祠，是宗祠建筑中少有的样式。家庙是族人祈福的场所，家庙正门分为左中右三楹,只有重大活动时才开中门。后祠正殿主要供奉涂氏家族列祖列宗的神像和牌位,祭祖时族人在此叩拜,两边包厢是族人议事的场所。为了鼓励涂氏子弟向学,涂宗瀛还在家祠内建了藏书楼三间,收藏其所刊刻的《四库备要》等书。江淮一带的家祠甚少,而目前几乎没有保存完好者,涂氏家祠可谓是绝无仅有。

涂公馆亦为涂宗瀛致仕后所建,位于老街中段,面阔六间,东三间为住宅门厅,西三间为店铺,前后五进。门厅高约7米,屋面以灰色小瓦呈鱼鳞状排列。青砖墙面,用青石条做墙基。硬山顶,弓式封火山墙。第一、二进之间以廊房相连。二进房屋高于一进,高约8米,明间为排山抬梁式。檐下的五架梁上有雀替,雕刻牡丹花卉纹饰。正脊和三架梁均用瓜楞柱、梁头象鼻式。三间阁楼,藏书丰富。公馆东原有戏楼,飞檐翘角,气势恢宏,因年久失修现已倒坍。

毛坦厂老街虽然处于山区,但因水运便利而兴盛。中华人民共和国成立后,随着公路交通的发展,陆运逐渐取代水运,由于毛坦厂地处三县交界处,成为陆路交通的死角,因此商业逐步衰落下去。但也使得其明清老街得以暂时避开汹涌商品经济大潮的冲击,至今保存完好,古朴淡雅,随着时间的推移愈加散发出独特魅力。

3. 舒城晓天镇中大街

晓天镇位于舒城西南山区,历史悠久,最早在元代已经有人定居于此,及至明清时期就形成了沿河古镇,成为当地的商业中心。其中的晓天老街建于明清时期,以徽派建筑风格为主,青砖灰瓦,传统风貌保持良好,2013年被选入中国传统村落名录。

当年的晓天老街十分繁华,各地商贾云集,有江源泰、董德森、德生和、程济堂、姚隆顺、晓春园等60多家商号,经营着丝绸、制伞、药店、油坊等多个行当，至今风貌保存良好、古韵犹存。老街长约 700 米，街道宽仅 3 米，鹅卵石铺成，被往来的车水马龙碾压出深深的车辙。临街的大小商铺均为上下两层，下层为铺面，上层是阁楼，其门窗、铺板、柜台都用木材制成。房屋四周窗户很少，多依靠天井通风与采光。相邻的建筑之间用高高的马头墙隔开，防火的同时也勾勒出极优美的天际轮廓线。

江家大屋是晓天老街上最具代表性的民居建筑，江家当年以经商为业，自皖南迁居于此后，利用水运之便利，通过竹排将山里的茶叶、木炭等山货从晓天河运出，又把外面的食盐、布匹等运入销售给山区民众，很快就成为晓天镇的首富，并建起气派非凡的大屋。江家大屋，又称"独梁厅"，位于晓天老街的中心位置，现保存完好的部分约为 2000 平方米，中间为正厅，东西两边为偏房，穿堂"七进六厢"，中以天井相连，取徽派建筑"四水归堂"、财不外泄之意，每进深 10 米、宽 8 米。该建筑建于明末清初，全部为砖木结构，榫卯相连，桁条梁柱均为斗粗木料制作，内部的屏风、楼阁以及窗棂等均雕有各种图案，尽显徽州三雕之技艺。其中，青石制成的门框极其厚重坚固，天井四周皆以粗大石条围砌，平整光滑。最令人惊叹的是第二进的"独梁"，横跨 6 间房屋，全长约 18 米，直径 1 米，可谓独木撑万斤，据说是皖西民居中最大的一根房梁，足见江家当年的辉煌。

4. 天长龙岗村

龙岗村位于安徽滁州天长市的东北角，与江苏的盱眙、金湖相邻。从地理位置上看，龙岗村地处高邮湖西岸的岗地之上，江淮丘陵至此已是末端，因临近高邮湖和铜龙河，龙岗自古以来水运发达，

图 3-9　天长龙岗村街景

交通便利，明清时期更是繁盛一时，商贾云集，人文荟萃。龙岗的文化教育远近闻名，历史上频有科举登第者，仅清代就有"戴门一状元、韦门两探花、陈门四进士"之说，可见文风鼎盛，故龙岗人历来就过着"亦儒亦商，亦农亦儒"的生活。

龙岗村的民居基本上属于江淮四合院式建筑，均为单层之砖木结构，青砖灰瓦，硬山顶，木构架为穿斗式和抬梁式两种，墙面为青砖，错缝平砌，坚固承重，加以白灰勾缝。但龙岗村并没有徽派建筑之明显特征——马头墙，说明其受到北方建筑影响较大。龙岗村有六条主要街道，东西南北四条大街之外，还有义井街和芙蓉街。街道呈"田"字形，按照三横三竖布局排开。龙岗的民居沿街道排列，多向纵深发展，有二进、三进者，院落较大，室内方砖铺地。建筑外观甚少装饰，朴素大方。

龙岗村的水井很多，传说有72口井之多，有一条街道就叫"义井街"，因井而得名。古井分布于各处，有街边、院落中，甚至还有厅堂井、房中井和厨下井。义井之说来自一口街边井，为便于往来商旅及贫苦百姓饮水，镇上佴、崇两大姓捐资在街边开挖一口井，为了褒扬这种行为，人们将此井称为"义井"，后来又将此条街称为"义井街"。这个传说反映了龙岗古朴的民风，以及龙岗人乐施好善的行为。

抗战时期，这里因为既物产丰富、交通便利，又位于高邮湖西，港汊纵横，便于隐蔽，故成为新四军第二师和抗大八分校驻地。当年曾在此驻扎的一位新四军老战士回忆道："清晨起，又见小镇上挑担车水的，鸡鸣狗叫的；才出炉的烧饼，才出锅的油条热气腾腾，小茶楼小吃铺子挤在一起，人来人往，摩肩接踵，显出我根据地一派兴旺的景象。"

5. 寿县隐贤老街

隐贤老街位于淮南市寿县西南的淠河东岸，西滨淠河，历史上因有舟楫之便、鱼盐之利，帆樯林立，水运发达，商业繁荣，素有"千年古镇"之誉。古称"百炉镇"，相传三国时期曹魏与孙吴争夺江淮，当时曹军在此设立营地，架起数百火炉炼制兵器，因而得名。后来唐朝学者董绍南隐居于此，著书立说，行侠仗义，慈爱乡里，道德品行，有口皆碑，后人为表示对他的敬仰，遂将百炉镇更名为隐贤镇，沿用至今。隐贤与正阳关、瓦埠并称为寿县三大古镇。

　　古镇的历史，几乎全部与淠河相关。由于淠河的分割，历史上的隐贤曾"鸡鸣狗吠听三县"。就是在今天，淠河也仍是寿县和霍邱的界河。同时，淠河水长流又给这里的工商业发展创造了得天独厚的条件。隐贤因得淠河舟楫之便利，南承皖西货物，北达淮水东西，商业、手工业发达。至明代已成为江淮一带的重点商埠，有许多徽商来此置业经营，更加带动了小镇工商业的蓬勃发展。保留至今的隐贤老街古韵浓郁，东、西、南、北四条街道呈"十"字形布局，南北长700多米，东西长500米。沿街均为商铺，前店后铺，青砖小瓦，庭院深深。马头墙，铺板门，雕梁画栋，紫梁绕壁，木雕石刻，栩栩如生。虽经数百年风雨剥蚀，显得有些支离和朽败，然构架皇皇，仍能透露出当年的繁盛。街面用青石及灰砖铺砌，街心正中的条石上，深及寸许的车辙仍清晰可见。

6. 柘皋北闸老街

　　柘皋古镇位于巢湖北岸的柘皋河边，距今已有3000年历史，传说早在春秋时期就已经形成城邑，是江淮中部的水陆码头、交通驿站。柘皋镇，清末曾经是安徽三大镇之一，全镇号称为"九街十三巷"，现存的老街为北闸老街，街道长约200米，两旁为二层小楼，一家挨着一家，飞檐翘角，鱼鳞小瓦，青砖墙面，白灰勾缝，十分古朴素雅。商铺的门多为传统的铺板门，每块门板都有编号，便于拆装，白天拿下来之后既可以用来摆摊售卖货物，也可以充作板凳招呼客人歇息。川流不息的客流给老街留下了深深的印记。

　　柘皋作为巢湖第一镇，曾经人口繁密、商贸兴盛，饮水主要依靠井水，故镇上多井，民间有"柘皋三百六十井"之说，现在镇上还有八九十口井。古井与老房子，都是古镇非常珍贵的历史文化遗存，是柘皋历史的见证。柘皋老街上具有代表性的古建筑是被俗称为"天下第一铺"的李氏当铺，该当铺为李鸿章族人所经营，民间通称之为李鸿章当铺，其建筑属于较为典型的江淮建筑风格。

（二）传统村落中的道观寺庙

如果说江淮西部传统村落中的公共建筑是以宗族祠堂为主，那么到了中部地区，当市镇类型占据多数后，其公共建筑之构成亦随之发生变化，道观寺庙等宗教建筑开始取代了宗祠，成为传统村落民众生活的中心，例如寿县隐贤老街就有一句俗语，称隐贤是"低头看井，抬头看庙"，这些宗教场所在建筑上亦处于重要地位。江淮中部传统村落中的宗教建筑有道教系统之真武庙、火神庙、城隍庙，佛教系统之相隐寺、泰山庵等。

为什么江淮中部的宗祠数量少、比例低？原因有二，第一，修建宗祠耗费巨大，对于宗族而言负担沉重。在西部山区，像砖瓦木石等修祠材料尽可自己出产，故山区宗族只需要投入人力及雇佣工匠，经费开支相对较少，而平原、丘陵地区修建祠堂的材料几乎全部需要从外部购买，经费开支很大，除强宗大族有能力承担外，一般的宗族承担不起。第二，外部压力发生变化后，宗族成员对宗祠的需求程度下降。移民宗族进入生存环境较好、开发较为容易的丘陵平原地区后，随着人口的不断繁衍，内部支派蔓延而居住分散，形成"数姓一村"的情况，宗族力量分散不易聚集，而山区生存环境相对恶劣，一般都聚族而居，形成"一姓一村"，族众容易聚集。

宗祠少了，而村落民众仍然需要空间来作为精神寄托之所在，所以道观寺庙等宗教建筑增多，承担了其功能。当然，由于我们这里讨论的是传统村落，视阈局限于被纳入名录的村落，所以宗教建筑无论是数量上，还是规模上，均难以与中心城市相提并论。

1. 天长龙岗真武庙

真武庙，为道教宫观，供奉北方之神真武大帝，相传能够避祸趋福、防御火灾，故被民间所广泛信仰。当年龙岗的真武庙始建于元惠宗元统二年（1334），后被毁。现在的真武庙建于清嘉庆十八年（1813），前后三进，有24间房屋和一座藏经楼。1906年，龙岗秀才戴子灵等在庙中创办过天长最早的新式小学——崇实学堂。抗战时期新四军抗大八分校将其作为教室和宿舍，中华人民共和国成立后又被附近小学拆去部分改建教室，目前尚存有正殿三间、偏殿三间、门厅三间和两个院落，还依稀可见当年的模样。真武庙在建筑上属于江淮四合院式，为单层之砖木结构，青砖灰瓦，双坡硬山顶，木构架为穿斗式和抬梁式两种，房顶正中之屋脊造型简单平直，仅用小瓦片叠成造型各异的空花作为装饰，具有变化又不失质朴风貌。墙面为青砖，错缝平砌，坚固承重，加以白灰勾缝。院落内栽种的松柏，高大青翠，与灰色调的建筑相映衬，更加显得庄重肃穆。

龙岗村因为商业发达，故庙宇众多，香火鼎盛，在历史上曾经先后建有十多座庙宇，有观音寺、三宜殿、二曾庵、白景子庵等，现在只剩下真武庙一座。

2. 桐城练潭火神庙—净土寺

在桐城练潭村，有一个寺庙，原为道教火神庙，现在是佛教净上寺，两个名称同时保留，为什么会出现这样的情况？追溯其演变过程，可知其原因，也可以加深对练潭地方历史发展的认识与理解。

火神庙供奉火神，属于道教系统。祝融是中国传说中的火神，长期以来受到人们广泛的祭祀。据罗泌《路史·前纪》卷八中说，祝融氏"以火施化，号赤帝，故后世火官因以为谓"；司马迁《史记·楚世家》有"重黎为帝喾高辛居火正，甚有功，能光融天下，帝喾命曰祝融"，说明祝融是传说中的司火之官，汉代时，祝融已经被视为火神而受到崇拜；《礼记·月令第六》"孟夏之月"有"其帝炎帝，其神祝融"之句，可见对火神的信仰起源于上古对火的崇拜。自汉代以后，历代对火神均有建庙奉祀。明清时期火神崇拜成为官民普遍的信仰之一，被地方官列入地方祀典。六安州火神庙建在州城之中，乾隆年间所建，每年农历六月二十三为祝融的诞辰，官员前往致祭。至期，穿补服就位，进香，跪行二跪六叩头礼，奠帛三，献爵，读祝毕，再行二跪六叩头礼，毕。其祝文曰："惟神位正南离，权司长夏六府；修而功成，既济四序。纪而用在明时，佐烹饪，以攸资人，安耕凿，敛烟光而无警。户乐熙恬，荷神贶以清宁，洁明祀于牲醴。"[1]寿州、霍邱、霍山等地均有火神庙，地方上的消防组织往往会附设其中。亳州的火神庙正殿名为"明离宫"，供奉有火神、财神和人祖像。特别是在江淮西部一带，因为这里地临大别山区，木材成为建筑的主要材料，而且运销木材也是地方商业的主要内容。干燥的木材最惧怕的是火，所以不仅官府祭祀火神，民间对火神也奉祀惟谨。练潭作为一个重要的水陆码头，在建造商铺时，木料使用比例很大。在练潭老街入口处有一座火神庙，也叫火星宫，原来是练潭的标志性建筑，宫

---

[1]《六安州志》卷六；《舆地志十二·坛庙》。

观坐北朝南，宽约30米，长约40米，有正殿、客房、禅房、道房，整个火神庙巍峨壮观、香火缭绕，朝拜者络绎不绝。据保留下来的碑刻记载，火神庙起于元代，盛于明清，后来在清咸丰年间被太平军所焚毁。民国时期又加以重修，重修之后改称净土寺，有僧人主持，主殿为"三佛殿"，金身佛像端坐其中，香火不断，保佑远近乡民。但大门上仍悬挂着"火神庙"之匾额，寺内有一口大钟，为2005年台胞所铸造捐赠，上面的大字还是"火神庙"。

3. 柘皋城隍庙

城隍神是城镇居民所崇奉的城镇守护神，从明代开始在全国各地都建立起上全京师、下至城镇相互统属的城隍神祀系统。柘皋的城隍庙，始建于明初，明末被毁，清初重建。民国时期，柘皋小学借用城隍庙办学。中华人民共和国成立初，城隍庙被改为县政府驻地，县政府于数年之后搬离，柘皋小学回迁，供奉城隍的大殿被改成了教室。城隍庙里有引神巷、万年台，城隍所在的大殿民居俗称为"大仙宫"。柘皋城隍庙有定期和不定期的庙会活动，不定期的庙会，一般为城隍出巡。柘皋人把城隍称为"升福大帝"，升福大帝出巡时，规模盛大，主要是祈福消灾，故深受百姓欢迎，同时带动七里八乡进城，更受到镇上的商号青睐。那时百商云集，如同春节，各行各业的店家都乐不可支，以至于柘皋街上流传着这样的话："家住城隍庙，事事占人先。"定期的庙会，为六月六，按照民间习俗，六月六城隍老爷要晒龙袍，兼具晒霉的意思。

城隍庙在不断的被改造过程中，逐渐失去了原貌，最终在20世纪90年代，被彻底拆除殆尽，曾经雄伟壮观的城隍庙消失殆尽，现今只剩下一口老井静卧在小学门前，井口处不知道多少次提水磨出来的道道勒痕，仿佛在告诉人们：我也是有故事的。

4. 巢湖洪疃村相隐寺

在巢湖洪疃村有一座佛教寺庙——相隐寺，其与明清易代有关。在洪疃村旁边的西黄山中，有一座高僧辈出的古刹，名为相隐寺。相传相隐寺原名白衣庵，始建于唐朝贞观年间。明末清初，明朝遗臣吴相目睹世事沧桑，以及明朝没落衰亡的景象，回到故乡愤世出家，隐居于白衣庵。后清廷请其出山，帮助治理朝政，未得应允，吴相说："吾出家之志坚，指南即不向北矣！"由此白衣庵更名为"指南庵"，吴相也更法名为万如。万如大师于此设书院执教，学生有48人。此后大师创丛林，兴道场，香火日盛。

5. 寿县隐贤泰山庵

当地俗称隐贤是"低头看井，抬头看庙"，说的就是从前市镇繁兴、人烟稠密，水井和寺庙庵堂甚多，较有名的有三官庙、东岳庙、地藏寺、火神庙、包公庙、太平寺等36座，后来逐渐因为各种原因消失。如三官庙和东岳庙在民国初年时被用于创办学校，即今天隐贤小学的前身。唯一的幸存者是千年古庙——泰山古庵，坐落于古镇西南，始建于唐宪宗元和十一年（816），因年代久远，原来寺庙的规模、僧尼的更替已经无从考证。现在的庙宇殿堂是在晚清道光十二年（1832）被重修，1991年遭水毁后被再度修复，占地36亩，是隐贤古镇36座古庙中至今唯一幸存的一座，也是寿县唯一尚有佛像和丘尼的寺院。每年正月，四面八方的游人香客前来占卜求签、应接不暇。

在这些传统村落中，历史上存在的许多宫观寺庙早已经消失，今天保留下来的只是少数，但是对于当地民众来说，却曾经是非常重要的公共活动场所，也是传统村落历史信息的重要载体，具有相当重要的历史文化与社会意义。

（三）传统村落中的圩堡民居：以大潜山房为例

大潜山房，民间俗称刘老圩，即刘铭传故居，坐落于安徽肥西县的大潜山北麓，属于大别山余脉在江淮丘陵的延伸。刘铭传（1836—1896），晚清著名淮军将领，首任台湾巡抚，抗法民族英雄，晚年自号"大潜山人"。刘老圩是刘铭传于1868年第二次辞官回乡时所兴建的具有江淮民居特色的圩堡型庄园，虽然历经百年风雨，其原有风貌却得到基本保存。刘老圩亦因此成为江淮圩堡建筑的典型代表。

"高山筑寨，平地建圩"是传统社会民众应对社会动荡时的一种自保行为，反映在民居建筑上就是圩堡的建造。江淮圩堡庄园，作为晚清时期大量出现的一种特殊的民居形态，非常值得关注与研究，故在此以刘老圩为例进行分析。

刘铭传在选址筑圩时，遵照传统的阳宅风水理论选择吉地。《释名》中说道："宅，择也，择吉处而营之也。"风水理论对居宅的外部环境有明确的规定要求，"凡宅左有流水，谓之青龙；右有长道，谓之白虎；前有汙池，谓之朱雀；后有丘陵，谓之玄武，为最贵地"[①]。这种"背山面水"的风水吉地，又被称为"四神砂"。刘铭传在确定圩址时，选中了大潜山北麓的一块风水吉地，其坐落在

---

① 王君荣《阳宅十书·论宅外形第一》。

图 3-10　刘铭传故居门口

西高东低的岗岭冲地上，前有大潜山流下来的金河水环绕，四周山脉相拥，坐西朝东，所谓"枕山、环水、面屏"。圩堡内的住宅也是遵照风水格局建造的。

圩堡的修筑成本很高，如果没有雄厚的财势或者宗族力量，必定力所不支。刘铭传在戎马生涯中积累了相当可观的财富，因而有足够的财力修建圩堡庄园。刘老圩由内外两道壕沟围绕，壕沟内的水是从大潜山引来的金河水，形成里外两层围墙把刘老圩的生活区与军事防御区划分开来。四周的围墙用石头砌成，其上共建有五座碉堡。故居的外壕东南、东北角各建有一座大吊桥（现已改建为石桥）。过外吊桥进圩，便是内壕沟，再是吊桥和门楼。各桥分别有两层门楼七间，旧时住有兵勇保护圩子。庄园东南方向有个大堰，是当年为建造故居取土烧砖瓦形成的一大片水面，堰中有两座小岛，较小的那座小岛正好位于九间厅后，曾经是刘铭传居家时的弹药库，大岛上面是一座读书亭，仅架一座栈桥与外相通，为刘氏子弟潜心读书之场所。

  刘老圩共设置了五处更楼和炮台，其中位于庄园西北角的西更楼为两层砖砌结构，面阔11.6米，进深5.1米，总面积约116平方米。圩内正大厅北面还建有一座两层五间的"钢叉楼"，楼顶矗立一把钢叉。据说，故居的对面大潜山的半山腰有一"老虎洞"，而"刘"与"牛"同音，担心猛虎噬牛，故特建"钢叉楼"用于"压邪镇圩"。钢叉楼并没有什么实际的防御作用，其防御功能体现在了它所蕴含的精神意义上。

  两层围墙之间是操练场，内壕沟里面是庄园的核心区域，刘铭传家族居住的内宅即位于其中。住宅分为三进，每进十三间，头进与二进之间的天井院是回廊包厢，和砖石铺砌的道路相连；第三进为两层堂楼，主要为女眷居所，正厅大门面对外壕沟的月牙塘，月牙塘的两尖角内弦是一个矩形荷花池。在主宅之外围绕多个功能性建筑，有西洋楼、钢叉楼、走马楼、更楼、九间厅、南北书房、子药房、盘亭、马号、假山、花园等，呈现出一心多环的平面布局。正大厅的西南角是西式洋楼，三间两层，小巧玲珑，楼上藏书，楼下住人。在钢叉楼的后面有亭，称为"盘亭"，四面环水，只有一座石桥可以相通，是刘铭传为陈列国宝——虢季子白盘专门建造的。刘铭传在常州围剿太平军时，意外得到号称"西周三大青铜器之一"的"虢季子白盘"，珍爱异常，特建亭供奉，并亲撰《盘亭

图 3-11 刘铭传故居钢叉楼

小录》。中华人民共和国成立后,刘氏后人将此珍贵文物献给国家,现收藏于中国国家博物馆。"盘亭"北面的九间厅,是刘铭传居家时宴客会友的场所。

圩内建筑采用青条石做基,青砖墙面,白灰勾缝,鱼鳞瓦面,屋顶脊饰丰富多彩,以弧形的马头墙分隔,主入口设八字型门楼,建筑开间多为三间,明三间、暗三间、廊步三间俱全,走马楼,围合的天井,内敛的布局,精美的雕饰,砖、石、木雕各具特色,极尽奢华。特别是其敞厅、中大厅、九间厅皆有彩绘装饰，门窗漆红色油漆，雀替为金龙抱柱花式，这已远远超出了清工部对民间建筑的形制、色彩的严格规定。之所以敢违背朝廷规定，既与刘铭传的一品大员身份有着密不可分的关系，同时，建造刘老圩时，刘铭传因官场失意赋闲在家，心中多有怨懑，而大潜山一带属于六安、庐州交界地，地处偏远，故刘铭传建造庄园时能够放任发展，不受礼制约束。

圩堡内住宅的建筑风格具有典型的江淮民居特征，属于江淮院落式民居类型。外部采取"深壕内围"的形式以加强防御，内部通过宅院建造住宅群，结构布局与北方四合院具有类似之处，又在建筑装饰上吸取徽州建筑的防火墙、三雕技术，体现出南北文化交融的特征。民国时期，曾有学者对江淮圩堡庄园进行过描绘："每个邸第，所占面积大者数百亩，小者亦百数十亩。邸第外围先凿壕沟，沟内筑高墙如围寨，佃户环居于内，四周并辟花圃菜圃，广阔整齐。园圃内层又凿内壕沟，而紧接于主人居住之宅第。宅第大抵分两大部分，每部分设三大门，内进各自三大堂……圩子内有碉堡、炮台、内花园、外花园、藏书楼、秘密走廊等设施。"可见，江淮圩堡庄园的布局、形制基本相同。

在刘老圩修建之后，刘铭传又修过两个圩堡，分别位于六安张家店和金寨麻埠，民间分别称之为"刘大圩""刘新圩"。刘大圩，坐落于六安城南约 30 千米的张店镇境内，由刘铭传与浙江按察使刘子务共同投资兴建。刘大圩的选址也是特别符合风水要求，正好为二龙汇集之地，后面的虎头岗既是案山，又是龙脉，使圩堡依靠山体做到背山面水，村落西边的长堰则是一条水龙，蜿蜒而来，寓意风调雨顺。刘大圩原建有内外两道壕沟，内壕沟宽约 10 丈，深约 2 丈，四面环水，壕沟全部用条石由水底砌出地面，壕沟外围筑有一道坚厚的砖石围墙，高约 2 丈，围墙四方均建有碉堡，亦称炮楼。外壕沟宽窄深浅不一，四面皆水。圩堡仅留一南向门楼供出入，门楼内外建有三道闸门，分别称为头道闸、二道闸、三道闸。闸外架设浮桥，如遇外敌攻击时，抽去浮桥则很难攻入。庄园占地面积 50 万平方米，建有五进宅屋，每进有 20 多间，首进开设 3 道大门，后进还加建楼一层，称为堂楼。正房左右有四路厢房，分称正大厅、东西大厅、内客厅、东西客厅、内书房、东西书房等，还有一座洋书房，其建筑及内部陈设均为西式。在正房临水东头，建有一绣花楼，富丽堂皇，有"江淮第一绣花楼"之称。西侧建有一座刘氏光禄大夫祠。整个庄园共有 370 间房屋，建筑面积达 10 万平方米，室内装饰画栋雕梁、通花彩绘。中华人民共和国成立后，刘大圩被收归国有。

刘新圩位于金寨麻埠，形制与刘老圩、刘大圩基本相似，规模稍小，但更加豪华精致。1896 年，刘铭传病逝于刘新圩中。1957 年，中华人民共和国修建响洪甸水库，麻埠成为水库淹没区，刘新圩随之沉入水底。

图 3-12
刘铭传故居内读书岛

刘老圩、刘大圩和刘新圩，都是刘铭传发迹之后为自己及刘氏家族修建的圩堡庄园，既说明刘铭传对圩堡的偏爱，也反映出此类民居建筑的实用功能。所以，江淮圩堡群成为江淮民居的一个特殊类型，并非偶然，而是19世纪后半期江淮中部区域社会剧烈动荡的历史之特殊记录，其中蕴含着非常深刻的社会历史文化意义。

三、个案研究：以柘皋、烔炀老街的李氏当铺为例

江淮中部的传统村落中，建筑种类繁多，但以市镇民居为最多。在现存的市镇民居中，柘皋镇北闸老街与烔炀镇烔炀老街均有李氏当铺，当地俗称之为"李鸿章当铺"，是典型的徽派商铺式建筑，其规模与形制均远超一般民居之上。结合具体历史背景，对之进行个案研究，有助于我们今天更好地了解江淮中部传统村落的发生与发展。

（一）中国古代的当铺

在中国传统社会中，当铺是很多地方上唯一的金融机构，对于地方经济活动作用影响很大，如同今天的银行一样。当铺，又称典铺、典当、质库或押店，是中国最古老的金融组织。当铺，简而言之就是专门收取抵押品而放款并从中获取利益的特殊金融机构。《大不列颠百科全书》对典当行的解释是："接受家庭用具或个人财物作抵押贷款给顾客的行业。典当业是人类最古老的行业之一，在中国两三千年前即已存在；西方典当业可以追溯到中世纪。"

据历史记载，中国的典当业产生于南北朝时期的寺庙内。当时佛教兴盛，寺庙不仅接受来自信徒的各种财物布施，还有地租收入，故财力雄厚，因而开始从事抵押借贷，至今已有1500多年的历史。在中国古代，衡量一个市镇或州县经济发展水平的主要标志就是看其开设的当铺数量，当铺开设愈多，说明地方经济愈活跃、愈发达。当铺资本亦远超一般商铺之上，动辄上万两、数十万两白银。故过去能够开设当铺的商人皆为巨商，与盐商并称，"运盐者曰盐商，开质库者曰当商，售木材者曰木商，此三者之在闭关时代，皆为大商"。[1]

由于典当业主要靠生息获利，月息三分，利润相当可观，许多达官显贵也纷纷插足典当业，开设当铺。清代的典当业十分发达，据统计，清康熙三年（1664）全国就有两万多家当铺，其中以晋商和徽商最多，"典当铺江以南皆徽人开办，江以北皆晋人开办"。典当月息三分是最高限额，所有当铺都必须遵守这一规定，具体到每件抵押品是几分几厘，则要视借贷银两的数量、借期及抵押品价值而定，一般是借期短、借款少的月息高，反之则低。另外，晚清也时有当铺降息让利的事情发生，对贫民来说大为方便。

可见，典当业作为中国历史上传统的金融机构，之所以能够长期存在并得到发展，说明它符合社会需要，既能救急解难，还是快捷的融资渠道，有助于社会经济运行和发展。但是也有高利残酷盘剥的一面，还存在着将抵押品变为死当、据为己有等牟利手段，所以其社会形象通常较差，为人所不喜。

---

[1] 徐珂《清稗类钞》。

（二）柘皋、炀炀的李氏当铺

19世纪中期以后，淮军兴起，以李鸿章为首的淮系将领在南征北战中为自己积累了巨额财富，并且将之投入各类经济活动中去，以进一步扩大资产。其中，开设当铺成为他们的首选，如刘铭传家族仅在相距不足百里的六安麻埠、州城和苏家埠三地就开设了"继勋当"等三家当铺，当地人称"百里三个当"。实力最强的李鸿章家族开设的当铺更多，李鸿章共有兄弟六人，到他们的第三代时，人就更多，李氏家族成为一个枝繁叶茂的大家庭。李氏家族开设的当铺亦多，分布于安徽省内多地，除合肥、定远、柘皋、炀炀和运漕等地外，安庆还有鼎新、鼎和、公裕、永大四家典号，芜湖有源丰、源成、源庆三家当铺。尽管每家当铺的主人各不相同，但由于皆为李鸿章家族成员，故一般人皆以"李鸿章当铺"称呼。严格地说，今天见到的所谓"李鸿章当铺"，有的是当铺，有的是钱庄，大多数是李鸿章的兄弟及其子侄辈开办的，与李鸿章本人无关。

就在我们研究关注的江淮中部传统村落中，柘皋和炀炀两地都有李氏家族开设的当铺，至今基本保存完好，当地人亦称之为"李鸿章当铺"，在重新整修过的老房子上还高高挂起"李鸿章当铺"的牌匾。在安徽省政府所公布的第八批省级文物保护单位中，将柘皋老街和炀炀老街的这两个当铺分别命名为"柘皋李氏当铺"和"炀炀李氏当铺"。

柘皋李氏当铺是柘皋老街上具有代表性的古建筑，当地人称之为"李鸿章当铺"，又称为"天下第一铺"，形容其规制宏大。在李氏家族所开设的众多当铺中，以柘皋李氏当铺的规模最大，故亦有人称之为李氏家族当铺的总铺，拥有行政、结算、仓储等多种职能。

当铺位于柘皋镇北闸老街中段，建于1870年前后，南北宽约50米，东西长约150米，总占地面积约7500平方米，建筑面积5000多平方米。前有门面，中有店铺，后有库房。临街门面为三间，纵深为七进，前两进均为两层，两进之间由串楼相连。大门雕刻精美，徽派建筑韵味十足，粉墙、黛瓦、马头墙、砖木雕刻，风格清新典雅，工艺精湛，造型逼真，李氏当铺属于较为典型的江淮建筑风格。据当地老人回忆，过去当铺的名字叫"李府当铺"，而"李府"是李鸿章家族老宅的代称，李鸿章的兄弟常年居住于府内，故柘皋李氏当铺并不是李鸿章本人开办的。

烔炀老街的李氏当铺，其主人也不是李鸿章，而是李鸿章五弟李凤章的儿子。李氏当铺亦是烔炀老街上规模最大的民居，当铺位于老街的东街，为三进五开间，占地面积1000多平方米，建筑面积约800平方米。面阔五间，进深三进，中间是大堂，三进建筑以后两进为主，中间有宽大的走马廊连接，木雕、砖雕、石雕精美。推开大门，第一进厦屋当中，是一幅巨大的木质照壁，从屋梁垂至地面，杉木为柱，横梁雕花。绕过照壁，是一方青石板铺底的天井，两边为回廊。第二进大厅面积200多平方米，是当铺的营业厅与会客厅，厅内排列着30根粗大木柱，撑起了二层的阁楼，阁楼是仓库。阁楼两端仅有一人大小的出口与大厅相连，靠木梯上下，用完后梯子随时撤走，以杜绝闲杂人等上楼。每进之间由天井连接，兼做通风及采光之用。当铺的排水系统完善，为典型的江淮建筑风格。

李氏家族选择在柘皋、烔炀开设当铺，与柘皋、烔炀良好的地理位置、繁忙的经济活动有很大关系。柘皋古镇位于巢湖北岸的柘皋河边，是江淮中部重要的水陆码头、交通驿站，号称是安徽三大镇之一，而且全镇有"九街十三巷"，足见规模之大。烔炀镇地处巢湖北岸，居于合肥、巢湖两地之中，濒临巢湖，地理位置优越，水陆交通便利，是巢湖西部远近闻名的商业重镇。李氏当铺开设后，很快发展成为当地的商号之首，固然与其家族雄厚的政治经济实力有关，同时也是适应柘皋、烔炀两镇经济发展之必然结果。两镇皆为水陆码头，商贸活动频繁、人流如潮，各种融资需求在所难免，需要有能够放款、贷款的金融机构为之调剂，当时唯有当铺才能满

图 3-13
李氏当铺内景

足这种需求。时至今日,当铺仍在发挥作用,这就是明证。古镇之上,李氏当铺虽然经历了百年风雨,但仍风骨犹存、底蕴深厚,值得后人去品味深思。

第三节
江淮中部传统村落里的非物质文化遗产

影响非物质文化遗产分布的因素有自然环境和社会经济环境两大方面,江淮中部地区在历史上开发较早,水陆交通便利,但也因此成为南北争战之地,尤其是元明之际遭受战乱摧残极其严重,依靠大规模移民才使得这一区域重新得到发展,这些都对江淮中部区域的非物质文化遗产产成了不利影响。目前,江淮中部的非物质文化遗产种类主要集中在传统戏剧、传统音乐、传统技艺和民间传说等方面。

由于江淮中部的丘陵属于大别山脉的东迤,故中部与西部之间并没有天然的界限,山水相连,尤其是舒城、桐城等低山地区与大别山区的自然环境基本相似,而巢湖一带则与之迥然不同,这些对中部地区的非物质文化遗产的种类与形态都构成相当大的影响。

受产业结构和风土民情的影响,名茶制作和黄梅戏也是中部地区的非遗项目,使得江淮中部与西部在非遗项目上呈现出一定的叠合。具体来说,江淮中部传统村落的非物质文化遗产中,庐剧和黄梅戏是传统戏剧类的非遗项目;舒城兰花茶手工制作和淮南豆腐等是传统技艺类的非遗项目；传统音乐类则有鼎鼎大名的巢湖民歌。

在传统技艺方面，舒城晓天的兰花茶手工制作和西部的信阳毛尖、六安瓜片、霍山黄芽制作工艺一样，都是非常重要的非物质文化遗产。晓天的茶园位于高山密林之中，叠嶂连云，峰峦苍翠，所产兰花茶品质极好。经过杀青、初烘和足烘三道工序的制作，成茶条索细卷成弯钩，白毫显露，芽叶成朵，色泽匀润翠绿，汤色明净嫩绿，滋味甘醇，梗嫩芽壮，冲泡时形似兰花绽放。另外，淮南豆腐的制作技艺也是江淮中部重要的非物质文化遗产。2014年，在第四批国家级非物质文化遗产项目认定时，淮南的豆腐传统制作技艺获得认定。巢湖沿岸的民歌演唱、毛坦厂的"大红袍油纸伞"都是江淮中部著名的非物质文化遗产。毛坦厂"承古斋"制作的大红袍油纸伞选料考究，工序烦琐，经久耐用，是大别山一带嫁娶婚俗礼仪中的必备礼品。

一、传统戏剧

在江淮中部地区非物质文化遗产的传统戏剧类别中，黄梅戏和庐剧是最主要的、影响亦最大的传统戏剧。其中，黄梅戏从20世纪上半叶开始，以安庆为中心发展起来，流行于皖西、皖中、沿江等地，不仅成为安徽最有影响的地方剧种，并且走向全国。其发展之快与严凤英等一批著名表演艺术家的杰出贡献有很大关系，而严凤英首次登台演戏就在桐城练潭老街的张家祠堂，即江淮中部的传统村落练潭村，这充分说明黄梅戏实际上是从江淮大地上传统村落里孕育生长出来的一朵艺术奇葩。

庐剧亦广泛流行于安徽境内的皖中、皖西、沿江等大片地区。庐剧因庐州（今安徽合肥）而得名，原名倒七戏、小戏，又有祷祭戏、小倒戏、小蛮戏、庐江戏等多种称呼。其确切形成时间及名称由来现已无从考查，但从"倒七"一词可以进行推测，在皖中一带的俗语中，常将插科打诨的诙谐幽默称为"倒七倒八"，有"没规矩、没章程，难登大雅之堂"的意思，出身低微的倒七戏大约因此得名。中华人民共和国成立后，为发展地方戏剧事业，中共安徽省委为倒七戏改名，倒七戏盛行于皖中地区的古属庐州庐江县，故于1955年将之改称庐剧。

庐剧是在大别山一带的山歌、淮河一带的花灯歌舞的基础上，吸收了花鼓戏、端公戏、嗨子戏的唱腔发展而成的。其音乐体系主要由唱腔和锣鼓组成，唱腔中包含主调和花腔：主调是庐剧的主要唱腔，用于表达比较复杂的剧情，分为小生调、老生调、老旦调、丑调等，擅长演唱悲剧，表现各种哀伤、悲痛的情绪；花腔则比较自由多变，旋律更接近民歌小调。传统庐剧的伴奏不用管弦，整个伴奏都是锣鼓，简单朴实，节奏鲜明、乐感强烈。

晚清时期，庐剧已经在江淮中部一带非常流行，甚至还因此遭到地方官绅的查禁打压，如传统村落烔炀老街上就立着一块刻有禁约的清代石碑，是同治七年（1868）巢县知县陈炳颁布的，其中第二款为："近有倒七戏明目，淫词丑态最易摇荡人心，关系风化不浅。嗣后，如有再演此戏者，绅董与地保亦宜禀案本县捉拿，定将此写戏、点戏与班首人等一并枷杖。"可见当时庐剧前身"倒七戏"在巢湖已经极为盛行，且迎合社会底层需求，官府为此勒石为戒。另外，在霍山发现的一个修订于嘉庆十八年（1813）的涂氏族谱中，也将倒七戏列入严禁之列，不准族中妇女听小戏。这些都说明庐剧主要表现的都是底层民众喜闻乐见的情感生活,十分有人气,但又因内容与形式,不被主流文化所接纳。

时至今日,庐剧已经走过了200多年的发展历程,与其他艺术形式相比,它从一开始就植根于传统土壤之上,无比鲜明地表现着江淮中部人们的生活习俗和精神风貌。

二、传统音乐

在江淮中部地区的巢湖一带,当地人民在长期的生产劳动和生活中,口头创作了大量的民歌,举凡生产劳动和喜怒哀乐,尽在内容之中,直抒胸臆,这就是巢湖民歌。巢湖民歌具体起源于何时,现在已无确切记载,其历史大致可以追溯到宋元时期,产生后又经过世代的传播、继承和创新,不断发展完善,最终形成了独具特色的地方民歌体系,并且在2006年被列入第一批国家级非物质文化遗产名录。

巢湖民歌内容丰富多彩,其中反映劳动生产的民歌最多,因为民歌本身就诞生于劳动之中,在繁重的劳作中,唱民歌既可以统一步伐、协调动作,又可以减轻疲劳、舒缓精神、增加劳动情趣。爱情生活方面的民歌占比也很大,从多个侧面反映了劳动人民的爱情与婚姻生活。还有一部分是巢湖风情民俗方面的歌曲,有的在节庆时演唱,有的则在婚丧仪式上演唱,还有相当一些在祭祀时演唱。

巢湖民歌以号子、山歌和小调三大门类为主。号子类分为船夫号子、船工号子、木排号子、舂米号子、划船号子、打夯号子、搬运号子、车水号子等多种,基本上按照行当形成,伴随劳动产生,旋律铿锵有力，节奏性很强。山歌类中又以地域分为水乡的秧歌和山区的山歌，秧歌中有喊秧歌、丫头调、薅稻歌、耘田歌、风摆柳、刘姐姐、挣颈红等，节奏舒展自由，旋律高亢嘹亮，以歌唱劳动、歌唱爱情为主要内容；山歌则是在山野里唱，有车水山歌、放牛山歌、采茶山歌等。小调主要是在市镇中产生和发展起来的民歌，有灯歌、门歌、卖杂货等。

由于巢湖处于江淮中部，南北东西各种音乐艺术在此交流汇聚，使得巢湖民歌逐渐形成了强烈的区域性特征。巢湖民歌的歌词朴素生动，衬词较多，地方特色浓郁，这与其"望风采柳"的创作形式是分不开的。所谓"望风采柳"，是指歌手在各种场合中都能随机编歌、唱歌，以此来交流思想、抒发情感，表达喜怒哀乐等。故巢湖民歌中的大部分，都是即兴创作而成，无拘无束，张口就来，浅显易懂，以音乐形式对江淮中部巢湖一带传统文化进行记录，同时亦可从中来探寻巢湖区域历史变迁的踪迹。从这一角度来说，巢湖民歌非遗项目具有深远的历史意义。

三、民间文学

民间传说历来是非物质文化遗产的重要组成部分，是由人民群众口头创作、传播，并与特定的历史人物或事件、地方风物等相关联的故事，其实质就是一个地域内集体记忆的口头表述与反映，对于地方历史文化来说，具有非常重要的社会学意义和独特的文化参考价值。毛坦厂浸堰村作为国家级传统村落，当地流传的许多民间传说都和其所在区域的历史文化之间存在着非常密切之关系，不仅是民间文学，而且是某种形式的口述史，是地方历史记忆的组成部分，与其他各种文化形式一起共同构建起完整的区域史。

毛坦厂一带的各种民间传说，可以分为地方历史、地方风物和教化三个类别。可以视为口述史、当作地方历史记忆的主要为第一类，即地方历史方面的传说，其传说内容集中在"毛坦厂"地名由来、朱元璋传说等。

关于"毛坦厂"地名的由来，有两则传说。其一是毛坦厂原名"上五显"，因为建有供奉五显神的五显庙，且地处河流上游，故称"上五显"，与下游的舒城五显镇相区别。每年农历七月十五，当地商户都要在五显庙举行祭祀活动，舞狮成为特色，当地称此为"狮子盘大场"，五显庙旁边就是狮子山，狮子头上鬃毛对着庙，"盘场"的谐音是"坦厂"，故地名后来变为"毛坦厂"。① 这个传说很是牵强附会，但是特别强调了商户的作用，反映出商人群体在毛坦厂镇所具有的优势地位，以及其进一步扩张权力的欲望。其二则传说是与明初历史相关，毛坦厂的谐音是"茅滩场"，朱元璋在夺天下的过程中非常重视战马的作用，明朝建立后，朱元璋便开始大力倡导在全国各"水草丰旷之地"养马，其中，由于朱元璋当年游方经过茅滩场，发现此地适合养马，故在此设立养马场，"茅滩场"便被人们根据谐音改称为了"毛坦厂"，并从此定名。有学者分析称，"毛"即茅草，"坦"即平坦大畈，"厂"并非我们今天所指的工厂，而是一种三面或四面无墙的房子，在明代多面无墙的房子便被称为"厂"。因此，"毛坦厂"的意思，其实指的是有水有草、适宜养马的地方。这则传说，与明初的历史较为吻合，具有可信性，而且现在毛坦厂周边还有

---

① 参考《毛坦厂的传说》，《皖西日报》2017年6月9日第6版。

许多与马有关的地名存在，如白马尖、驻马冲、走马岗、饮马塘、上马石、马岭、马道子、马栏口、走马埂、马栅寺、养马冲等。尽管没有史书、方志明确记载"毛坦厂"地名之由来，但是具有可信度的相关民间传说弥补了历史书写的不足。

关于朱元璋的传说更是丰富多彩，毛坦厂当地习惯把朱元璋称为朱洪武或洪武爷，当地的许多地名都因其而来。传说朱洪武幼时因家境贫寒逃难到毛坦厂，被当地一对无儿无女之张姓夫妻收养为义子，朱洪武经常与人在稻场玩球，该地遂被称为球场岭。后来老夫妇去世，朱洪武当了皇帝后，便在山里建了一座庙，每年祭祀义父义母，这就是现在的老张庵。类似的传说还有很多。有关学者经研究后发现，毛坦厂的朱元璋传说并不是孤立的，其与附近的舒城晓天、霍山黑石渡等地的有关传说构成了一条明显的朱元璋传说带，这些传说不可能是历史的真实记录，但显然有历史的影子，实际上是朱元璋早年在这一带流浪的历史在民间的沉淀。朱元璋17岁时因大旱与瘟疫，父母兄长相继死去，迫于生计到皇觉寺出家，"太祖孤无所依，乃入皇觉寺为僧，逾月，游食合肥……凡历光、固、汝、颍诸州三年"。毛坦厂地处淮西，正位于合肥与光、固、汝、颍之间，故朱元璋当年游方三年，在这一带滞留若干时间，是完全有可能的。这样的经历不见于史载，但却逐渐沉淀在民间，并通过各种传说辗转渗透出来，可以说大大丰富了历史的记录。

民间传说实质上就是一种口述史，存在于百姓之中，经过世代口耳相传保留下来，对于提高地方历史文化的完整性来说意义尤为重要。

中国传统村落
文化抢救与研究
文化区系列

Chinese
Traditional
Villages

第四章

江淮东部
传统村落

江淮东部地区全部在江苏省境内，地形以平原为主，河湖密布，自隋唐以来一直是中国重要的经济区。截至2019年，江淮东部共有国家级传统村落7个，在江淮各区域中数量最少，分布最分散，其中，南通市2个，扬州市2个，淮安、盐城、泰州各1个。江淮东部传统村落无论是其形成过程，还是村落布局与建筑风格，都具有浓郁的平原水乡特色，是江淮东部区域文化的具体体现。

第一节
江淮东部传统村落的选址与格局

一、江淮东部的区域特征

（一）自然概况

江淮东部的大致范围是江苏省内的长江以北地区，除扬州附近有少数丘陵分布外，其余均为平原。江淮东部的水系非常发达，河湖密布，沟汊纵横，是著名的水网地区：长江位于其南界，淮河位于其北界，京杭大运河纵贯南北，沟通江、淮两大水系，区域内有洪泽湖、高邮湖、白马湖、大纵湖等多个湖泊，大小水库星罗棋布，构成了鱼米之乡的自然地理前提。该区域是季风气候，温暖湿润，降水丰沛，适合农业生产。

江淮东部海陆变化显著，和其他沿海地区海岸线相对稳定不同，在自然和人类的多重作用下，此地一直处于变化中，海岸线不断向东推进。特别是南宋建炎二年（1128）黄河夺淮入海以后，带来的泥沙在江淮东部沿海一带淤积成今日的滨海平原，海拔仅为2—4米，成陆时间不过数百年，直至今天，陆地仍不断地从海中延伸出来。

（二）地域文化

1. 南北多元交汇文化

江淮东部因地处平原，交通便利，且处于南北过渡地带，很早就呈现出南北多元文化交汇的特点。史前文明时期，在江淮东部高邮龙虬庄遗址、海安青墩遗址、兴化蒋庄遗址和淮安青莲岗文化遗址中，分别发现了长江下游良渚文化和黄河流域龙山文化的元素，充分体现了江淮东部地区多元文化交汇融合的特征。夏商周时期，中原文化向淮河流域扩张，加速了东夷部落与中原文化的融合。春秋战国时期，江淮东部成为吴、越、楚争霸之所，吴国为了北上中原争霸，于公元前486年开挖邗沟，连接长江与淮水，邗沟后来发展成为江淮之间最重要的南北交通要道。公元前221年，秦始皇灭六国，实现了大一统，中国进入了新的历史发展时期。彼时，战争和交通成为影响和制约江淮东部发展的主要因素。隋开大运河后，交通天下，江淮东部逐渐发展成为国家的核心区域。唐中期，淮盐成为国家财政的主要收入，由此极大地提升了江淮东部在国家政治版图上的地位，为其在明清时期500多年间的繁盛奠定了政治基础。淮盐又以运销之利吸引了众多富商巨贾迁徙至此，奠定了此地繁盛的经济基础和社会基础。

2. 运河文化

中国的大运河是世界上历史最为悠久的运河，它不仅是中国古代最伟大的水利交通工程，还因承担漕粮运送、百货转输和人员流动而极大地促进了运河流域的社会发展与经济繁荣。自公元前486年吴王夫差开凿邗沟，连通长江和淮水，江淮大地便与运河结下了不解之缘，经历代沿袭和改造，至今已长达2500多年。江淮东部区域内的运河不仅是中国开凿最早的运河，而且居于全国运河体系的枢纽位置，战略地位非常重要。此外，江淮东部的运河还具有网络化特点，运河呈网状结构，互相连通，这是其他地区的运河所不具备的。

在农业文明时期，开挖运河只能依靠人工，浩大的工程量使得运河的规制受到限制，基本上是以直线的方式来沟通连接各个区域，而江淮东部的运河则不然，除淮安—扬州段运河外，还有盐河、通扬运河、串场河等，共同形成了一个不规则的四边形运河网络，除运输漕粮外，还将淮北、淮南盐场盛产的淮盐等特产运送至全国各地。在运河的带动与影响下，江淮东部区域在明清时期获得了快速发展，其重要标志就是形成了一个运河城市群，不仅出现了淮安、扬州两个运河核心城市，运河沿线还兴起了一大批商业城镇。

明清时期，每到冬春时节，漕船运粮北上，涉江过淮；夏秋之后，空仓南返；周而复始，靡有终结。每年运送漕粮达400万石。当时，漕运兵丁的报酬和待遇十分微薄，为了鼓励漕运，明清统治者允许漕船携带一定数量的免税商货在沿途贩卖，以作贴补，这些免税商货被称为"土宜"，即地方土特产。土宜不仅数量庞大，而且品种花色齐全，棉纺织品、丝织品、油类、酒类、干鲜果品、各种食物、纸张、竹木藤器、铁铜器、药材等，几乎应有尽有。这一做法，大大地促进了南北商品的流通和运河沿线城镇商业的活跃。

运河的运输功能主要服务于国家政治，但并没有被朝廷所完全垄断，属于一个开放的水上公共交通运输网络。淮扬运河中往来的不仅有官府漕船，还有无数的民间商船。它们带来了货物的流通、客商的往返、人烟的汇聚，自然而然产生了庞大的餐饮、住宿、仓储、搬运、商贸、娱乐、脚力服务各方面的需求，于是在运河沿线，除扬州、淮安、泗州这些地区性中心城市的兴起外，还催生了许多小城镇，如邳州的运河镇、窑湾镇，扬州的邵伯镇，淮安的王营镇、河下镇等。此外，还有一些因盐运而兴起的市镇，有如皋的白蒲镇、东台的安丰镇、赣榆的青口镇、海州的板浦镇等。

优越的地理位置、便捷的运河交通、国家层面的漕运政策、政府支持下的盐业发展，均是推动江淮东部运河城市发展的重要动因，带来了江淮东部区域的空前繁荣。

3. 淮盐文化

在古代，盐作为日常生活的必需品，居于非常重要的地位。明代科学家宋应星在《天工开物·作咸》篇中，根据盐的产地，把盐分为六种，"凡盐产最不一，海、池、井、土、崖、砂石，略分六种"。其中，"赤县之内，海卤居十之八，而其二为井、池、土碱"[①]。与产自内陆的池盐、井盐，及产自土崖、砂石之中的土碱盐相比，海盐不仅品质高，而且易于生产。

---

① 宋应星《天工开物·作咸》。

江淮东部盛产海盐，统称为"淮盐"。淮盐在中国古代相当长的历史时期内，一直是国家财政收入的重要来源，备受朝廷重视。唐中期以来，淮盐的生产与运销成为江淮东部地区的主要产业，朝廷通过一系列政策、制度加以强化落实，并设官任职进行管理保障。

淮盐产自今江苏省内长江以北的黄海之滨，以淮河为界，分成淮南与淮北两大盐场。作为中国主要的海盐产地，两淮盐场生产的海盐历来以高品质著称，且产量大、成本低，是盐中的上品。以明人记录为证，"两淮密迩南畿，且盐自熬波而成，其形散，其色多青、白，可奉祭祀，充宾食，共百司。故岁贡南畿孝陵神宫监青白盐五千斤；光禄寺腌造奉先殿瓜茄菜鱼，青盐二万斤，白盐二万斤；内宫监青白盐二万斤。凡六万五千斤，为引三百二十有五"。① 正因为淮盐为上品，故朝廷以之上供光禄寺、神宫监和内宫监，除了将淮盐作为祭祀供品外，又以之宴宾客、供内廷、上藩府，每年均有额定进贡的数量。后来，全国的文武百官均有指定数量的淮盐供应。这里透露的信息是，彼时食用淮盐已是一种荣耀。

江淮东部坐拥盐场之利和运河交通之便，成为全国的盐业中心，吸引大批商人前来定居，促进了江淮东部区域的发展。盐业对扬州商业的影响最大。清代前期是扬州盐业的极盛时期，极大地促进了扬州的繁华。扬州是整个两淮盐场的管理中心，两淮盐运使即驻扎扬州，掌管盐业的生产、运输与销售，权力极大，道光年间，淮南盐业趋于萧条，两淮盐政之职遂由两江总督兼任。盐商通过垄断食盐运销而获得巨额财富，这些财富一部分用于自身的豪奢生活，一部分用于报效朝廷。

---

① 嘉靖《两淮盐法志》。

当时的扬州，盐商云集、盐船如梭、店铺林立、会馆众多，创建了浙绍会馆、湖北会馆、湖南会馆、宁波会馆、岭南会馆、山陕会馆等地域性商人会馆二十余处，城内遍布盐商的豪宅、园林。盐商们积极投身市政建设，出资挖竣运盐河道，修桥补路，设立育婴堂、普济堂等慈善机构，捐资创办安定书院、梅花书院、敬亭书院、淮扬书院等，支持刻书藏书业的发展。尤其是大量建造园林别院，为迎合乾隆皇帝南巡，园林建造形成高潮，从御码头到平山堂，排列有江、程、洪、张、汪、周等诸家园林。盐商对扬州城市发展及城市生活产生了很大的影响，大到园林建造、城市风格，小到饮食、服饰等生活习俗。有研究者指出，扬州和盐商是互为影响的两个层面，两者在不断的交互中共同得到发展。没有扬州的历史地理优势地位，盐商也就没有发展的基础，而盐商的发展壮大及其在扬州当地的政治、经济、文化、生活中产生的作用，也反过来进一步推动了扬州各方面的发展进步。

淮安作为淮北盐场的集散地，其商业发展与盐业关系极大，与此同时，与漕运的关系也极为密切。漕运给淮安盐业提供了一个宽阔的集散场地，漕船夹带私盐给淮安盐业发展带来了巨大商机和利润。明清政府为独收盐业之利，对私盐贩运是严厉禁止的。但由于盐利过于丰厚，私贩屡禁不止。淮安地处南北要冲、漕运咽喉，利用漕船贩运私盐，成为当地最主要的贩私手段。虽然官府也曾多次查禁，但多为官样文章。及至道光时期，情况更加严重，两江总督陶澍在给朝廷的奏报中，即称"漕船回空带私，为历来之痼弊。并有随帮风客，除本分利，坐占淮南数十万引纲额，勾引枭匪，肆行无忌。漕船停泊买私，尤有误于趱运"。① 私贩盛行，使淮盐畅销全国各地。

在淮盐的产销带动之下，除扬州、淮安之外，泰州、海州、盐城以及串场河等沿线城镇的盐业经济亦相当发达。应该说，运河与淮盐是促进江淮东部区域繁荣发展的两大重要因素，区域内的传统村落也被打上了强烈的"水运""淮盐"印记。

（三）江淮东部传统村落的分布

江淮东部的国家级传统村落共有7个，散布在淮安、盐城、南通、扬州和泰州五市，其中南通和扬州均有2个，其余三市都仅有1个。从时间上看，江淮东部传统村落主要被纳入2014年的第三批和2019年的第五批中国传统村落名录。

江淮东部的传统村落基本上属于商业市镇类型，仅从村落的名称上就可以得到印证。目前只有淮安洪泽的龟山村因远离城市，还是传统意义上的农业村落，其余6个均为商业市镇的传统老街，不论其名称是社区还是村，都是由原来的区域商业中心嬗变而来的。

如果追溯其发展历史，江淮东部的7个传统村落均与运河水运以及淮盐生产有关。其中，南通的余西、广济桥和盐城草堰均由历史上的盐场发展而来，扬州蒲薪村位于晚清淮南盐运中心——仪征十二圩码头的核心区域；淮安龟山是运河与淮河水运的重要节点，甓湖社区是运河重镇高邮界首的老街，季东村是靖江季市镇的老街，

---

①《清宣宗实录》卷二百四十三。

南临靖泰界河。运河与淮盐就成为江淮东部传统村落发生发展的最核心要素。

二、江淮东部传统村落的空间布局

在江淮东部的 7 个传统村落中，除龟山村之外，其余均系市镇老街发展而来，故具有很强烈的市镇特色。而市镇是商业和手工业的中心，介于城乡之间，遍布着各种店铺、牙行、作坊、饭馆、茶肆、酒楼、客栈、药店等，吸引着周围四里八乡的人流。反映在市镇结构上，由于江淮东部水陆运输发达，市镇交通既要考虑水运，也要考虑车马，所以市镇常常以一条商业街或"丁"字形、"十"字形的市街为市镇中心，并向外扩展，形成人口密集的镇域。由于规定市镇不允许建造城垣，为了防火防盗，市镇大都建有"四栅"，其内为镇域范围，是街市。入夜后，栅门关闭，有人巡逻值守。

在选址问题上，因为主要是服务于朝廷对淮盐以及水运的战略需要，所以江淮东部的传统村落在选址方面并没有很大的自由度，无论是滨海地区的三个盐场，还是龟山村、界首镇老街、十二圩蒲薪村，都是根据资源分布以及水系交通等情况确定的。有的甚至还必须经过朝廷批准，如仪征十二圩的选址，就经过曾国藩、李鸿章和张树声三位重臣的奏报，朝廷批准后才确定的。这与大部分传统村落在选址时注重风水布局相比，大有不同。

但在格局上面，江淮东部传统村落具有一定的独特性，并且可以分为以下三种类型：

（一）盐场老街型

自宋代起，朝廷开始正式在江淮东部设立盐场。为了扩大盐业生产，官方开始划定盐场范围，盐亭、草荡及煎盐等一切生产资料均由朝廷发放，以"建团立盘"和"结甲法"为海盐生产组织管理方式，在稳定生产场所和生产资料的基础上，将盐民灶户固定在特定盐场，使之逐渐趋于定居化，进而在沿海地区出现了固定的盐业生产聚落，并且规模逐渐扩大。明代盐业管理机构进一步完善，两淮都转运使司仍然驻扎扬州，下设通州、泰州和淮安3个分司作为派出机构，直接管辖各盐场。明代时，两淮共有30个盐场，自南向北分为上十场、中十场、下十场。清代时，随着黄河挟带泥沙大量入海，推动海岸线加速东移，使得有些盐场跟着东移，有些盐场因产量减少而被归并到附近盐场中。如1736年，白驹场被归并到草堰场，马塘场被归并到石港场，余中场被归并到余西场。

在海岸线不断东移的情况下，淮南地区传统的海盐生产趋于衰竭，垦殖业却逐渐发展起来。在清末状元实业家张謇的组织号召之下，淮南地区开始废灶兴垦，从通海开始，自南向北，掀起了投资开办盐垦公司的热潮。对于淮南地区来说，通过废灶兴垦，使许多已经失去海盐生产能力的盐场转变为普通市镇，促使区域由原来单一的盐业经济向工农业综合经济转型，这是区域发展的一大契机，也正是在此基础上形成了近现代的沿海城镇体系。石港、余西和草堰三个盐场在两淮盐场中具有代表性。由于清代五次重修《两淮盐法志》，里面均有盐场图与盐运图，故对不同时期的盐场加以比较，可以清楚地反映出盐场空间结构的变化与功能的丰富。图4-1、4-2分别为石港、余西和草堰三场在雍正年间与嘉庆年间的盐场图。

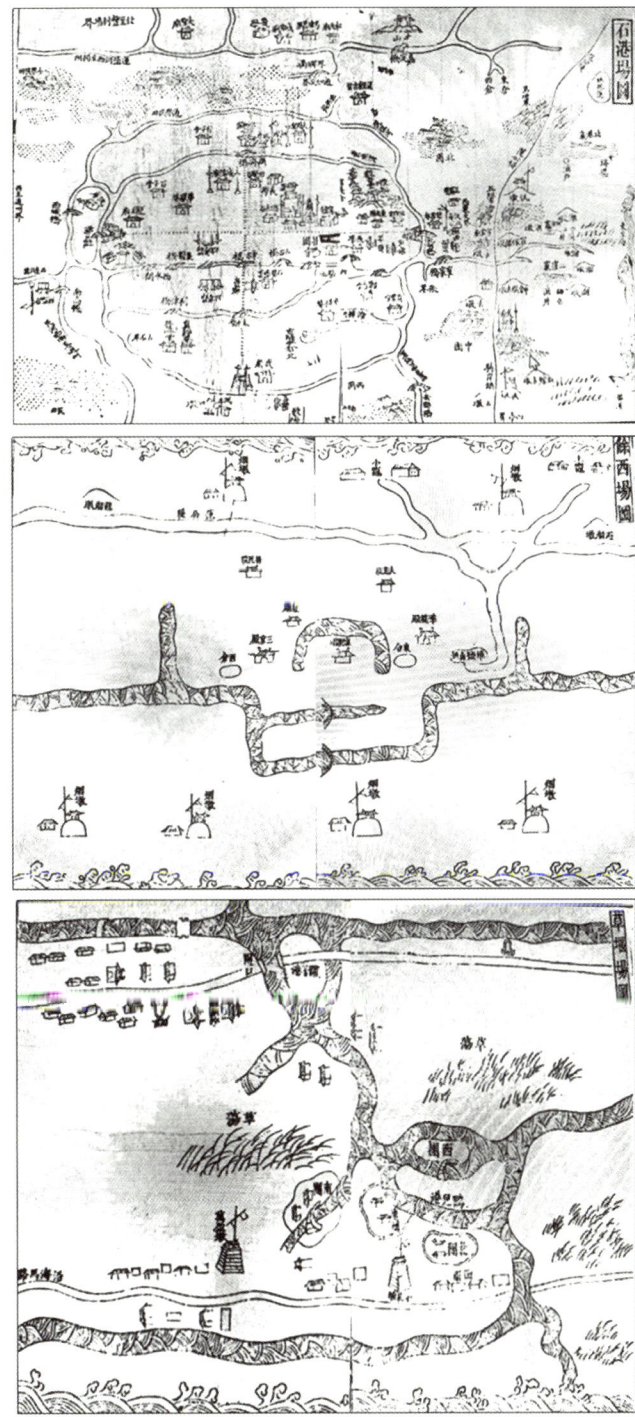

图 4-1 清雍正六年（1728）由噶尔泰修撰的《两淮盐法志》中的石港、余西和草堰三场

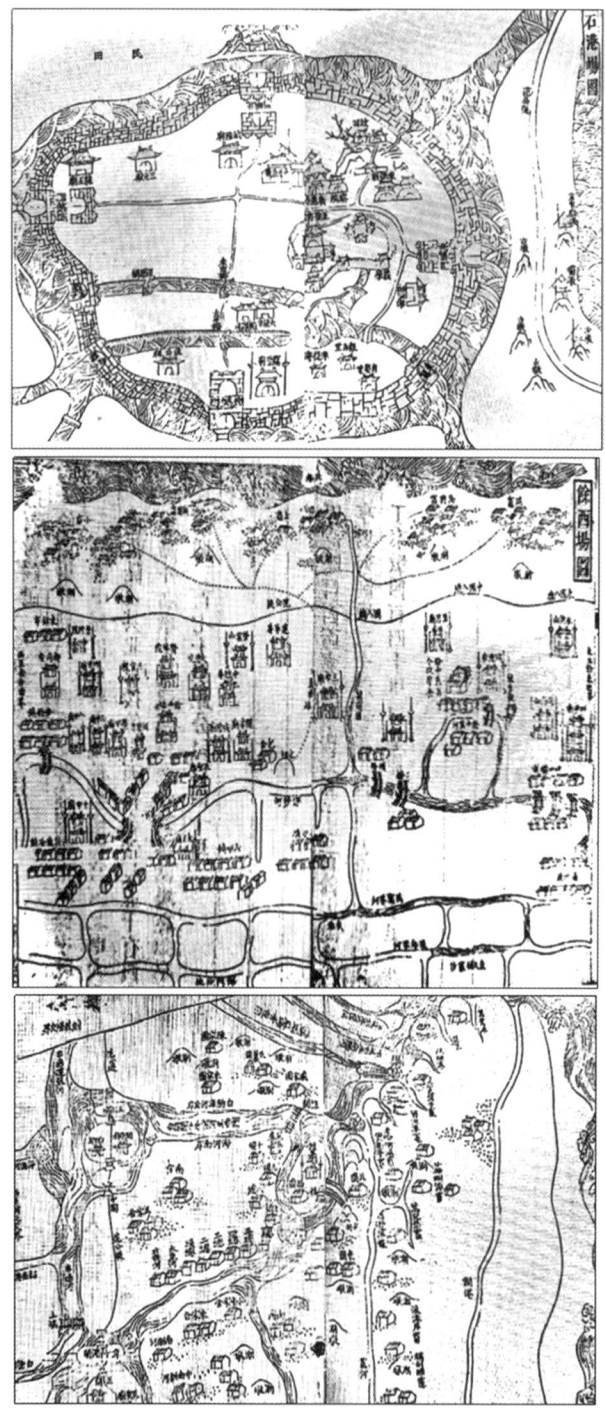

图 4-2　清嘉庆十一年（1806）由佶山修撰的《两淮盐法志》中的石港、余西和草堰三场

从中可以非常直观地看出，经过近一百年的发展，盐场内部已经发生了很大的变化，这也为晚清滨海盐场向地方普通市镇转型奠定了基础。

由于盐税收入是朝廷的重要财政来源，故朝廷很重视盐场的布局。盐场在建设时多采取类似兵营的组织方式，四周筑墙，挖掘壕沟，引水成为护场河，具有防御和运输双重功效。围墙四周设置墙垛，以防御侵袭和海潮冲击。有的场镇还设置有水门，从护场河引水于场镇内环绕，河上设桥，既可满足交通运输需求，又有藏风纳气之势。建筑多以砖瓦为主，且考虑抗风因素，建筑较为低矮，草堰、石港、余西皆是如此。盐场老街型村落布局的整体风格是"布局疏朗，形态简朴而粗砺，风格古朴而平实"。

以盐城大丰草堰镇草堰村为例。草堰村是草堰镇的老街部分，位于镇的中心，亦是由盐场发展形成的传统村落。草堰村是一个已经具有1800多年悠久历史的古村落，古称竹溪，到了北宋时期范仲淹修筑捍海堰，在此以竹草围堰，遂更名为草堰。从唐以后直到民国时期，草堰村一直是盐城的海盐集散中心和盐业重镇，雄踞"淮南中十场"前列，具有非常鲜明的海盐文化特色。

盐城一带自古以来就是黄海滩涂，人们很早以前就在此煮海制盐，并且积极改造环境，修筑堤坝，开挖水道。草堰村位于串场河与范公堤之间，其空间特征是"西河东堤，跨堤而居，水环堤绕"。运盐河与串场河分别从东西两侧绕场而过，场内有夹河南北贯通穿过，夹河两端与运盐河、串场河交汇，构成完整的环绕水路，故其整体布局亦循此展开。夹河既是市河，也是交通运输的通道，其上有桥。传统民居多分布在夹河两侧的主街之上，沿街设立有各种商铺，现存的龙溪古街长约800米，以青石板铺砌。又以永宁桥为节点，形成以跑马街、新街为核心的十字主街，玉带巷、义井巷、光明巷、太平巷、陶家巷、钱家巷、马桥巷等小街巷或垂直或半行于主街，临水建有码头，从而形成了五街十二巷的传统格局，充分体现其"因盐而兴"的海盐文化特色。

(二) 水运老街型

水运老街型村落主要集中在高邮界首老街、仪征十二圩老街以及靖江季市老街等地，它们对淮扬地区"秀朴兼有，刚柔相济，雅俗皆赏，多元聚集"的建筑特征进行了充分展示。

以扬州高邮界首老街为例。高邮界首老街具有运河沿线城镇的共性，即服务性与商贸性。所谓服务性，是指城镇位于运堤脚下，沿运河方向展开，拥有驿站、船坞等各种设施，服务运河漕运为其主要功能；商贸性是指城镇依托运河，成为区域商贸集散中心和商贾聚集之所。高邮界首老街依托其区位和交通优势，逐步发展成为运河沿线的一个商贸重地，特别是在明清至民国时期，商贸业取得长足发展。1916年，高邮总商会商务分所在此建立。随着规模和行业的迅速发展，1920年，又建立了独立商会，由此可见其商贸业的繁荣。

高邮界首老街主要沿南北向的大运河与东西向的子婴沟发展，南北大街、林家街和太平街三条街道构成老街的主干，百姓临街而居、临街而商。南北大街长300多米，宽3米，路面用青砖铺成，街道两侧以商铺为主，多为两层建筑，带有明显的江淮建筑风格。林家街居民以林姓居多，其中大户住宅较多仿南方园林式建筑，整体砖木结构，青砖小瓦，院内宽大，多种植花草或摆设太湖石假山，跨院多是矮墙、月亮圆门。文人、富商多注重室内装修,室内大方砖铺地或木地板铺地,长条几、八仙桌、太师椅,再置一书架或博古架,架上陈放古董、玉器、盆景、文房四宝,也有悬挂名人字画的,体现主人的闲情雅致。太平街长156米,大致为东西走向,两侧多为作坊和居民住宅,院落多为狭长的"回"字形两进或三进院。居民主房、客房多进深三五米,两层楼阁风格独特。商户住房布局结构严谨,宅面狭长,小窗、铺闼门、小庭院、四面楼房,人在院内如同置身井中,只能见到一片狭小的天空,形成富有特色的天井院。院子小,周围楼、门、窗都不出厦檐。其住宅分头院、中院和后院,地势一级比一级低。院内沙石板铺地,石板下有T形通水道,经前门排入窨井。虽历经风雨沧桑,太平街仍然保存着完整的形态和昔日的风貌,街区中众多老店、旧宅保存较好,风格依旧。比较真实、完整地反映出明清至近代高邮界首传统商贸风貌、居住状况和市井风情。[1]

(三)世外桃源型

以淮安洪泽县老子山镇龟山村为例。龟山村是淮安市唯一的国家级传统村落,于2014年入选第三批中国传统村落名录。龟山村的自然环境独特,历史悠久,拥有非常丰富的历史文化资源。

龟山村的发展与隋唐大运河以及淮河存在着密切关系。隋炀帝开凿大运河,以洛阳为中心,沟通全国。其中,以连接中原与东南地区的运河最为重要,包括通济渠、邗沟和江南运河。通济渠连接

---

[1] 参考《扬州两地上榜中国传统村落》,《扬州日报》2019年6月22日第1版。

起黄河与淮河两大水系,是中原通往南方的关键通道,通济渠的入淮处就在盱眙对岸,后来在此兴建泗州城。而邗沟的入淮处是淮安,泗州与淮安之间相隔200多里,必须借道淮河,即通济渠与邗沟之间需要通过淮河进行连通。泗州与淮安之间,在淮河岸边有一座小山,即为龟山。龟山的地理位置十分重要,往来商旅多在此聚集。随着通济渠的开凿,淮河交通日趋繁忙,以龟山镇为代表的一批集镇在淮河沿线兴起。北宋天禧二年(1018),迁泗、濠州路巡检于此。元丰六年(1083)为了避开淮河风涛之险,在发运使罗拯的建议下,朝廷派都水监丞陈祐甫主持开挖从洪泽镇到龟山镇之间的运河,称为龟山运河。龟山运河开通后,成为与淮河平行的人工运河,有效地避免了在淮河行舟的风险。龟山镇更加兴盛发达起来,后置淮南、淮东漕运司。北宋末年,金人南侵,南宋时,朝廷偏安南方,与金人以淮河为界,通济渠很快淤塞不通,龟山运河也随之淤浅,龟山镇渐趋于衰落,嬗变为龟山村。明代以后,洪泽湖面积开始日益增大,淮河与洪泽湖也逐渐连为一体。到了清初,洪泽湖面积急剧扩大,特别是淮河入湖处更是浩瀚,不仅泗州古城和明祖陵没入水底,原本坐落在淮河岸边的龟山村,也陷入水中,成为淮河中的一座孤岛。

从空中俯瞰,龟山村四面环水,山村格局独特,由东向西依次是湿地、村落、山体和河流。走进龟山村,随处可见松柏叠翠,农家炊烟袅袅,一幅生态幽静、淳朴归真的画面展现在眼前,宛如世外桃源。在江淮东部地区,像龟山村这样仍处于自然生态中的传统村落少之又少。历史上,龟山村曾因运河交通而兴盛,后又因河道淤塞而日渐衰落,以致与世隔绝,可以说,龟山村是见证江淮东部地区运河发展变迁的活化石。

第二节
江淮东部传统村落中的古建筑

隋唐以后，中国东南地区的经济与社会发展开始居于全国前列，其后又受到运河文化与淮盐文化的大力推动，使得民居建筑方面亦表现出了较高的技艺与独特的风格。这些在江淮东部的传统村落中，均有体现。

一、古建筑概况

在江淮东部地区，由于受到运河水运与淮盐等因素的影响，城市与乡村的差别比较大，其市镇与村落的规模都不大，民居建筑亦以中小型为主，大型宅第甚少。在《中国传统民居类型全集》中，江淮东部的民居主要被分为淮扬独院式住宅、淮扬多进住宅和沿运地区大型宅第三种。就目前的传统村落而言，基本上属于淮扬独院式住宅和多进住宅两种类型。

淮扬独院式住宅因其规模小，造价低，自成一体，深受百姓喜爱，是江淮东部最为面广量大的居住形式。传统村落中的民居多为独院式住宅，以单层为主，在院落中通常将正房与厢房分开，使院落显得更为开阔，其厢房多为东西两侧对称布置的。正房明间朝南，多使用木格栅门。房屋内部隔墙采用板壁，或者下部为砖、土墙，上部为板壁的形制。房屋采用木构架承重体系，把穿斗式和抬梁式结合起来，明间抬梁式，两侧穿斗式，既节省木料，又能营造出较大的使用空间。外墙一般用清水青砖砌筑，屋顶为灰色小瓦苫盖。地面用青砖铺就，庭院中立砌，室内则用方砖平铺。独院式民居风格朴素简洁，青砖黛瓦，硬山顶，屋脊平直，注重实用性和安全性，是北方合院式与南方天井式两大建筑类型的结合。民间把这种由正房、东西厢房和院墙围合而成的宅院戏称为"铜壳锁"，正房与两侧厢房组成锁体，院墙是锁栓，这样的一把锁就成为淮扬百姓一家的日常生活起居之所。

淮扬多进式住宅主要分布在扬州、泰州和淮安等地，是从独院式发展而来，适合大家庭居住。这种形式能较好地适应地形，并可弹性地生长。多分布在市镇的临街地段，因为市镇上用地紧张，故临街的开间受限都比较小，而向纵深发展则无障碍，多进深。反映在市镇老街形成的传统村落上，就是临街皆为商铺，其后连以院落、住房。如果将后面的院落、建筑用于生产经营，就构成"前店后坊"的格局。多进式住宅中，面积小的可为两进，面积大的则有四五进。在房屋建构上与独院式基本相同，讲究者以石板铺设庭院，马头墙的使用比较多见。

二、典型古建筑

（一）季市老街

季市老街位于靖江、如皋、泰兴交界处，横贯东西的靖泰界河与南北向的季黄河在镇区内交汇，北可以直通苏北腹地里下河水系，西与泰兴七圩港通连长江，南与多条靖江纵向河港相连接；东接夏仕港，从新港注入长江，由此形成了南北通畅、东西连贯、纵横交错的水陆交通网络。季市老街的地理位置非常重要，成为四方百姓会聚之所和区域商贸中心。从清代中期开始，季市老街就成为当地最繁华的市镇。老街由东街、西街、南街、北街及稍扒街等5条街道组成，街区地貌呈"千"字形。青石板铺就的老街上，房屋鳞次栉比，店铺林立，三百六十行一应俱全，出现了"要钱上东街、要穿上南街、要惬意上西街、要好吃上北街"之说。在面积不到2平方千米的小镇上，有粮行8家，油坊20余家，药房10余家，染坊十八家，杂货店10余家，盐行、酱油行、酒行、饭店、烧饼店等数十家。据不完全统计，老街至今存有古房旧屋445间，属于明清时期的有370余间。其中以巡检司公署、朱家大院和胡氏茶庄最具代表性，分别为官署、民宅和商铺，是最能反映季市老街历史发展和文化特色的古建筑。

巡检司公署，又叫印庄巡检司，位于季市东街90号。巡检司是中国古代负责地方治安的机构，通常设于县以下的市镇，其职责是管控地方，查缉税收，故只在地当要冲、经济繁兴之地设置。季市地隘民稠，商贾辐辏，正符合设置巡检司的标准。清雍正年间，泰兴县衙将原设在印庄（今泰兴曲霞镇）的巡检司移至季市。巡检司公署坐北朝南，南北长42.9米，东西宽12.6米。房屋为前后五进，每进3间，现存12间。临街为3间五架梁瓦房，进入院内是6间七架梁瓦屋，中间是大厅，铺有黑色方砖（又叫罗底砖）。柱基为石鼓磉，两侧是杉木板壁，房内铺有地板。两幢房屋屋檐相接处有防雨水渗漏设施，非常坚固。第三进主房的梁上，雕刻着古式花纹。屋檐滴水处和屋檐近处的砖墙上有花鸟图纹。第四进是3间七架梁瓦房。再往后是个大院落，两边围墙，最北端是3间五架梁瓦房，西侧是马房，东侧是伙房，中间是放置弓兵们练武习艺的弓箭、大刀、长矛、石锁等兵器的库房。现在最后一进房屋已经被拆除。

朱家大院是季市老街上典型的民居，为江淮合院式民居类型。朱家大院是季市老街上规模最大的一座民居建筑，建于清咸丰年间，位于老街东街，坐北朝南，整个建筑南北长约110米，东西宽约40米，占地10亩。朱家大院纵深为五进房屋，属于"前店后宅"型民居。第一进为临街的7间门面房，用于经营。一、二两进之间有门楼和院落，门楼两侧及门框上有精美的石雕，院落面积有100多平方米。第二进为接待来宾的敞厅，共3间房屋，中间一大间是客厅，东西两小间是卧室。敞厅之后为内宅，即第三进有5间正房，两侧各有对称的3间厢房，构成四合院，为主人居住之所，院内有假山鱼池、名贵花木。第四进为厨房、饭厅、清洗间等生活用房，第五进是用以堆放粮食和杂物的库房。朱家大院的屋脊用瓦片和薄砖砌成，构图精巧，玲珑别透。屋面由灰色小瓦正反叠成，按鱼鳞状排列，滴水瓦上还专门烧制有"吉祥如意"字样。朱氏家族是季市望族，其先祖曾在嘉庆年间担任陕西巡抚。

江淮一带素有"无徽不成镇"的说法，是指明清时期大批徽州人遍布江淮各地经商，久而久之遂落户当地，促进侨寓地商业和城镇发展。季市老街上有一家徽商经营的茶叶店——胡氏茶庄，至今保存良好。胡氏茶庄位于季市老街东门，也叫胡源泰号，坐北朝南，3间门面店，纵深五进。胡氏茶庄的创办者胡沆源为徽州绩溪龙川人，自清咸丰年间来到泰兴，以销售茶叶为主，同时兼营瓷、漆、颜料等商品。

店堂内货架上摆放着贴有黄山毛峰、西湖龙井、洞庭碧螺春等标签的锡制茶叶罐，上面标明茶叶名称、产地、质量、价格等，还供奉着寿星、财神爷、观世音等。店堂后有两间厢房，东厢房是厨房，西厢房为会客室，会客室墙上挂有"五忠堂"的横匾，下面是一幅山水画，两边是"渔樵耕读为根本，读书经商求生存"的祖训条幅。店堂第二进分别为茶叶焙制间和仓库；第三进为胶漆制作及油漆仓库；第四进为财务室和员工宿舍；最后一进供店主人及家属居住。胡氏茶庄的茶叶、生漆、桐油等是在产地采购原料，运回店内加工制作为成品出售。胡氏茶庄以"诚实守信"之商德和"货真价实，童叟无欺"之店规博得顾客的信任。不仅是季市附近的顾客，就连靖江、如皋、泰兴等地的顾客也都慕名前来。

胡氏家族五代均在季市经营茶叶生意，胡氏茶庄是远近闻名的老字号，给当地百姓留下了深刻的印象。胡氏茶庄古建筑和徽商移民文化也成为季市地方传统文化的重要组成部分。

（二）龟山石屋

在江淮东部的传统村落中，龟山村非常具有独特性，其古朴自然的石屋建筑，在江淮传统古建筑中独树一帜。龟山村的民居依山傍水，环境优美。岛上的民居均顺应山势而建，一般朝向阳面，但也没有完全遵循坐北朝南的原则。龟山石屋的外形类似河南南部的石板房，但在细节处理上具有江淮特色。整体而言，龟山村的建筑属于江淮民居中的农舍草屋类型，为双坡硬山顶，单层，以砖石竹木及芦苇等为主要建材，因使用大量当地独有的石材，而具有非常强烈的地域特征。

龟山石屋的院落形式多为开敞式，呈Π形或L形，不同于北方合院式和南方天井式的住宅，龟山石屋院墙约一米高，多用当地石材垒砌，也有用芦苇篱笆围合，或者不设院墙。主屋一般为三开间，两侧或单侧为附属用房，多用作厨房或杂物间，一般为两开间，形成半围合的开敞院落形态。形成这种居住格局是自然与人为双重作用的结果。岛上土地紧张，院落面积狭小，开敞式院落格局可以造成开阔之势。同时，龟山村自成为孤岛以来，村民均以捕鱼为生，开敞式院落便于放置捕鱼工具和进行渔船维修活动。岛上民风淳朴，外人登岛不便，也无需将院落封闭起来进行安全防御。

龟山石屋的建筑材料以玄武岩为主，均开采自龟山岛，至今山上还保留着采石之后形成的巨大凹陷。村民祖祖辈辈就地取材，用石头建造房屋，形成独特的"石器世界"景观。石阶、石台、石廊、石池、石径、石桥等仿佛把人们带入远古时代。龟山的石材颜色多为褐色和灰色，砌筑石墙时，既要注意色彩的协调搭配，也要根据石块大小与轮廓，选取契合度适宜的石块进行组合，使墙体与周边环境保持协调，人居与自然浑然一体。屋顶结构也比较简单，独具当地特色。主体屋架采用较粗的毛竹作为檩条，两端放置在山墙之上，以山墙石材为主要受力支撑。檩条上绑上竹竿作为椽子，先用筷子粗细的竹销钉加以锚固连接，再用绳子绑扎加固，防止下滑。竹竿上面用芦席苫盖后，或铺瓦或铺设稻草秸秆。

龟山石屋以质朴自然为主，装饰比较少，主要是石刻石雕。由于村落位于龟山脚下，湖岛之上，多以常见的水浪卷云以及植物花卉等形态为雕刻题材，石雕多见于建筑的勒脚及井台等。在保留下来的古迹石碑上，雕刻更加精美。

目前龟山村的民居建筑基本保持着传统样式，给人以返璞归真之感。石屋之所以能够成为龟山民居的主要建筑形式，与龟山村地处孤岛、交通闭塞有很大关系，也是运河河道淤塞后，龟山村失去原有的水陆交通地位，急剧衰败的必然结果。

（三）余西居

余西居的古建筑众多，基本上为清代所建，保存情况良好，堪称盐场型村落的代表。余西老街的街巷用砖石铺砌而成，主街龙街长约500米，两侧的房屋一般为单层，墙体低矮，街道两侧有小巷通往市镇深处。临街商铺的后面一般连着院落和住宅，如龙街西侧临街的天生堂药店，是标准的前店后宅格局，临街建筑为两层砖混建筑，后面住宅为两层硬山建筑，面阔三间，进深六步架。普通民宅基本体现了江淮东部民居的特征。如曹氏古宅目前保存有两进院落，临街建筑为穿斗式梁架，进深八步架；后面两进正房面阔三间，皆为穿斗式梁架，进深六步架，门板有雕刻，院内为青砖铺地。吴氏住宅，位于节孝坊北侧，现有倒座、正房与厢房。倒座为临街店铺，面阔三间；厢房为两层硬山建筑，面阔三间；正房面阔三间，穿斗式梁架。老街上还有一座建造于清乾隆年间的节孝牌坊，宽3米，高5.5米，坐西朝东，是一座梁柱单门式石牌坊，石柱上的联刻为："百年贞操冰霜厉，千载徽音日月昭。"

目前，余西拥有精进书院、钱氏牌坊、朱理治故居、朱家大院、杜义茂绸布庄等一大批历史文化保护单位，有衙署、孝子坊、孔庙、大悲殿、宗祠等一大批历史宗教文化遗址，有三益斋茶食杂货店、天生堂药店、王复兴染坊、宋泰华书薄店及裱画、木板年画、茶叶等老字号店铺旧址，有柳敬亭、曹顶、曹秀升、李同、朱理治等众多的历史名人。余西古镇独特的地方文化，风俗习惯，大量的民间传说、诗词歌赋，反映了余西盐场的千年演变，具有浓郁的江淮地域特色。

第三节
江淮东部传统村落里的非物质文化遗产

"百里不同风，十里不同俗"，讲的就是地理环境的差异带来不同地区风土人情之间的差异，非物质文化遗产也是一样。江淮地区自西向东，从山地、丘陵到平原，自然环境发生了很大变化，历史文化的发展进程也各有不同，这些都对传统村落里的非物质文化遗产形态、种类等产生相当大的影响。江淮东部经济发达，文化兴盛，无论是传统音乐、戏剧、曲艺、民间文学还是工艺美术，都诞生了大批国家级非物质文化遗产代表性项目，特别是传统技艺方面尤为突出，在全国处于遥遥领先的地位。

江淮东部的非物质文化遗产主要集中在城市里，特别是在扬州、淮安、泰州、南通等地。仅扬州所拥有的国家级非物质文化遗产项目就有十数种之多，包括广陵琴派、扬剧、扬州评话、扬州清曲、扬州弹词、扬州剪纸、扬州玉雕、扬州盆景、扬州漆器、雕版印刷、扬州园林、扬州金银细工、扬州茶点等。这是由于江淮东部地处平原地区，加上独特的社会历史发展进程，使得整个区域的物质资源和文化资源向城市高度聚集。相较于市镇和乡村，城市的优势非常明显，市镇的规模小，发展受限，乡村的地位更低，尤其是盐场型和水运型市镇，都处在国家的严格管控下，发展尤其受限，而且乡村中也没有特殊的自然资源可发展技艺。所以江淮东部的非物质文化遗产主要集中在区域中心城市。尽管目前江淮东部的传统村落数只有7个，但其所拥有的非物质文化遗产数量却令人瞩目。目前，江淮东部传统村落的非物质文化遗产主要集中在传统戏剧、传统音乐、传统舞蹈、民间文学和传统技艺等方面。①

一、传统戏剧

戏剧的兴盛建立在地区经济发达的基础上，江淮东部地区的传统戏剧非常繁盛，有京剧、扬剧、淮剧、淮海戏、童子戏等。其中，南通童子戏比较能代表通州海陆变迁与海盐生产等地方特色文化。

童子戏是通州一带民间祈福活动中的一种演剧形式，流传于江苏省南通市及通州市中西部和周边部分地区，其表演形式已有千年以上的历史，相传起源于传统的驱傩活动。2008年，童子戏被列入第二批国家级非物质文化遗产名录。

童子戏之所以在南通一带最为活跃，这与其地处江海之隅，属于文化边缘地带有直接关系。南北朝以来，南通逐渐成陆，后周显德年间始有建制，当时称为"胡逗洲"。成陆初期四面环水，交通闭塞，所以成了流人聚集的场所。这些流人成分复杂，南北皆有，一般是发配或迁徙到此，他们带来了巫觋演唱、祈福消灾的习俗，

---

① 本部分材料除特别说明外，均引自中国非物质文化遗产网和中国非物质文化遗产数字博物馆公布的国家非物质文化遗产代表性项目名录，在此表示感谢及说明，以下不再一一注明。

当地称他们为"上童子"或"童子上圣"。

上童子号称可自由游走于神、鬼、人三界，借此为百姓消灾除病、纳吉祈福。童子技艺可概括为"表"和"圣"两大部分，"表"即上表请天神，"圣"即天神下凡附在童子之身。民间家庭演唱时最简单的形式是"化兰门"，只需一个童子，过程较为简易；最复杂的是"九表十三圣"，规模宏大，整个过程需耗时三天三夜，参加的童子达到数十位。除家庭演唱外，南通民间还有一种公开表演的童子戏，亦称"消灾胜会"，这是一种集体性的消灾祈福活动，一般规模较大，文童子坐唱，武童子展示武功绝技以吸引观众。

上童子使用南通方言演唱，同时配以打击乐器的敲奏，声腔怪异奇特、高亢悲怆，具有强烈的冲击力，演唱内容则多与降妖捉鬼、神仙灵异有关。在这种特殊的表现形式中，原始宗教与戏剧（含舞蹈、杂技）互为表里，演出剧目有《西游记》《唐王游地府》《刘全进瓜》《审包公》等。

二、传统音乐

在江淮东部传统村落里，传统音乐类的非物质文化遗产项目有高邮民歌、海门山歌等。

（一）高邮民歌

高邮民歌是一种流行于苏北里下河地区的民间俗曲，其历史最早可上溯到古代驱傩表演中的"散鲜花"，元明时期这种民歌样式开始成形，并得到初步发展。清代至民国时期是高邮民歌发展的高峰，清末民初时，高邮诗人韦柏森作有《秦邮竹枝词》百首，其中"那如田父秧歌趣，齐唱家家隔垛多"的诗句反映了当时高邮民歌空前流行的盛况。2008年，高邮民歌被列入第二批国家级非物质文化遗产名录。

高邮民歌大都是群众触景生情的即兴之作，内容十分丰富。按照题材划分，主要有劳动号子，如搬运号子、打硪号子、夯号子、牛号子等；有传授人生处世经验与生活知识的生活歌，如《劝夫莫赌钱》《和字歌》等；有歌唱恋爱相思、表达男女情感的情歌，如《高邮西北乡》《郎妹对歌》等；有记录各个时期社会状况的时政歌、革命斗争歌，如《齐心学文化》《送夫参军》等。高邮民歌融合了里下河地区稻作文化、水文化、鸭文化、渔文化等多方面的文化元素，具有民俗学、社会学、人类学等方面的研究价值。

高邮民歌多采用间白、对白及一领众和的演唱方式，音乐以五声音阶和加清角或变宫的六声音阶为主，常有四、五、六度的大跳，"咿呀咳子哟啊哟"之类的衬腔、衬词较多，灵巧活泼、风趣俏皮，加之变化音、装饰音和衬腔衬字的巧妙安排，叫起来旋律优美，情韵十足。高邮民歌艺人们继承了传统的演唱方法，使这种古老的民歌在新时代继续发挥着应有的作用。

（二）海门山歌

海门滨江临海，居于江苏一隅，它所在的陆地由江中泥沙沉积而成，至清乾隆三十三年（1768）才正式设县。当时，崇明、句容等地的大批农民迁徙而来，在海门围垦造田。他们带来了江南的方言和习俗，也带来了吴语山歌。经过长期发展，独特的海门山歌最终从劳动生活中脱颖而出，趋于定型。1931年，管剑阁搜集整理海门山歌，辑成《江口情歌》，在文艺界引起轰动。中华人民共和国成立后正式成立了海门山歌剧团，使这种特色鲜明的地方民歌有了一个传承发展的专门机构。2008年，海门山歌被列入第二批国家级非物质文化遗产名录。

海门山歌语言形象生动，音乐清纯甜美、悠扬婉转，可分为抒情山歌和叙事山歌两大类。抒情山歌又称"短山歌"，多是人们在劳动中或劳动之余随口编唱的即兴山歌，有四、六、八句等形式，句式以七字为主。叙事山歌又称长山歌，歌词往往长达数十句乃至上百句，有完整的故事情节，用山歌调、对花调、佛祈调、游湖调、号子等曲调演唱，演唱时有独唱和对唱等形式。

作为江海文化的表现形式之一，海门山歌与当地民众的生产生活有着密切联系。海门山歌表现的内容极为丰富，几乎涉及社会生活的各个方面，有歌颂劳动、表现人们向往幸福生活的，如《打夯山歌》；有歌唱爱情、表现青年男女执著追求纯真情感的，如《花望郎》；有表现乐观主义精神的，如《我卖山歌勿要钱》；还有反映劳动人民奋起反抗剥削者的，如《下遭头请我吮功夫》等。海门山歌在民间代代相传，承沿有序。

三、传统舞蹈

在江淮东部地区的传统村落里，也有传统舞蹈，如洪泽湖渔鼓和南通如东县的跳马伕。

（一）洪泽湖渔鼓

洪泽湖渔鼓是流行于洪泽湖一带的传统舞蹈表演形式。洪泽湖渔鼓表演时的主要道具是渔鼓，曲调为"嚷神咒""念佛记"等，因为渔鼓总是由一串"咚咚"声开始，故渔民又称其为"咚咚鼓""娘娘腔"，有着极为浓郁的渔家风格。2014年，洪泽湖渔鼓被列入第四批国家级非物质文化遗产名录。

洪泽湖渔鼓形成于明末清初，繁盛于清末、民国，延续至今。渔鼓的前身是流行于北方的太平鼓，由北方逃荒的难民传入洪泽湖流域，当时只是作为乞讨时说唱伴奏的方式，后来成为神汉为渔民烧大纸还愿或在神坛祈祷的方式。中华人民共和国成立后，专业文化工作者将之发扬光大，成为洪泽湖区渔民重要的传统艺术形式。

（二）如东跳马伕

跳马伕俗称烧马伕香，是江苏省南通市如东县一带流传的在迎神赛会期间专门用于祭祀"都天王爷"张巡（一说是元末农民起义领袖张士诚）的男子集体舞。据说，张巡是唐肃宗时的一员将领，安史之乱时，他率众坚守城池达三年之久。在陷入既无粮草又无战马的绝境时，他令军民把马铃系在身上，在阵地上来回奔跑给敌人制造援军支援的假象，但终因寡不敌众，他以身殉国。后来，唐肃宗追封张巡为"都天王爷"，令天下立庙祭祀。跳马伕就是如东一带百姓祭祀"都天王爷"的舞蹈形式。2011年，跳马伕被列入第三批国家级非物质文化遗产名录。

跳马伕时，少则三五百人，多则三千余人。人们头扎彩色布巾，戴黄色纸帽，身着马伕服装，脚蹬草鞋，腰系铜铃，手执长一米多的马扑，腮插银针，在庄严而神秘的氛围中，列队跳着刚健的舞蹈，并发出震耳的吼声，跳跃于"都天王爷"的銮驾前后，为其开道护驾，借以表达对英烈的追念，对英勇无畏精神的崇敬，以及企盼神明消灾降福的愿望。

四、民间文学

民间文学是一个地域内集体记忆的口头表述与反映，对于地方历史文化来说，具有非常重要的社会学意义和独特的文化参考价值。江淮东部传统村落里具有代表性的民间文学是龟山巫支祁传说和草堰张士诚传说。

（一）龟山巫支祁传说

龟山村原有祭祀淮渎神的庙宇，屡建屡毁，现已不存。淮渎庙原本建于河南平氏，北宋时移建到桐柏县城，后因淮河水患主要发生在正阳关以下的中下游，尤其是下游，故明代嘉靖年间在龟山修建淮渎庙。宋时龟山即有寺，后在南宋末年被元兵焚毁，明嘉靖九年（1530），由凤阳知府、泗州知州及盱眙知县等捐金重修淮渎庙，凤阳巡抚唐龙撰文以记，《重修淮渎庙碑记》至今仍保存完好。清康熙十九年（1680），淮河大水，龟山淮渎庙被水冲毁。道光时期，河道总督麟庆登龟山，见到淮渎庙的断墙残垣，遂主持重修，更名为安淮寺，又派人从水中打捞出宋代龟山寺无梁殿法器，有铁佛四，铁罗汉二十，铁狮一、铁镬一、铁钟一，供奉寺中。[①]

明清时期之所以重修淮渎庙，主要和淮河水神——巫支祁传说有关。历史上，淮河流域一直有"淮水神猴"的传说，据《太平广记》载，大禹在治理淮河时，捕获淮涡水神巫支祁，"善应对言语，辨江淮之深浅，原隰之远近。形若猿猴，缩鼻高额，青躯白首，金目雪牙，颈伸百尺，力窬九象"。大禹抓获巫支祁后，锁其颈于龟山之足，淮水乃平，安流注海。明初朱元璋经过龟山，"令力士起而视之。因拽铁索盈两舟，而千人拔之起。仅一老猴，毛长盖体，大吼一声，突入水底。高皇帝急令羊豕祭之。亦无他患"。[②]龟山寺旁有一深井，为巫支祁所据，故在龟山建淮渎庙还有镇守淮神的作用。据说，吴承恩在创作《西游记》时，就是以龟山所镇压的巫支祁为原型来塑造孙悟空这一形象的。

龟山巫支祁传说，既反映了历史上淮河水患严重，人们面对水灾束手无策的窘困境地，也是人们宿命心态的流露。

（二）草堰张士诚传说

在草堰及其附近的里下河一带，流传着许多关于元末农民起义领袖张士诚的传说。相传，草堰的北极殿就是当年张士诚的首义之地，此后他起兵反元，很快攻克泰州、兴化和高邮。次年即在高邮称王，建立政权。1356年，张士诚攻占苏州，控制着南到绍兴，北抵徐州，西达汝、颍、濠、泗，东临大海的大片土地，后改称吴王。

[①] 李巨澜《水利公共工程与江淮海区域社会经济发展研究》。
[②] 褚人获《坚瓠续集》。

1367年，张士诚被朱元璋击败，被俘身死。张士诚起兵称王之后，北极殿成为其祭祀祖先的"香堂"。张士诚的父亲葬于草堰的九龙口，葬礼在北极殿举行。当时，北极殿的香火十分鼎盛。朱元璋建立明王朝之后，每年七月三十日，草堰人在北极殿点蛤蜊灯，烧香焚纸，祭礼地藏王。其实，七月三十日是张士诚殉难之日，"地藏王"实际是"祭张王"的谐音。每年八月十八日，草堰要举行为期三天的迎神赛会，供奉"都天王爷"张巡，实际上也是纪念张士诚，因为这一天是张士诚的生日。这说明张士诚的英雄形象一直屹立在草堰人心中。

除草堰外，在泰州、兴化、高邮一带，都有纪念张士诚的习俗。高邮地区至今仍保持着阴历七月三十晚上烧"狗屎香"的习俗。"狗屎"是"九四"的谐音，张士诚的小名为"九四"。明朝时，百姓不敢直接祭祀张士诚，便以七月三十地藏王菩萨的生日做掩护烧"狗屎香"祭拜。此外，也有人认为如东跳马伕实际上也是祭祀张士诚。张士诚以盐民身份造反，裂土称王，最后虽然败亡，但在他统治时期，保境安民，礼待文人，社会稳定，生产也得到了一定的恢复，他为百姓所做的好事与大无畏的英雄气概让泰州、兴化、高邮一带的乡民怀着无比崇敬的心情祭祀他。

五、传统技艺

（一）南通蓝印花布印染技艺

南通蓝印花布印染技艺是江淮东部传统村落里最具代表性的

传统技艺。南通滨江临海，适宜种植棉花。元明时期，南通地区家家户户都有织女，是著名的纺织之乡、蓝印花布之乡。南通蓝印花布印染技艺以手纺、手织、手染的方法制作被面、包袱、头巾等生活用品，印染图案以植物花卉和动物纹样为主，也有简洁的几何图形。它以耐脏耐磨、结实经用、图案吉祥等特点深受广大群众喜爱，长久以来流传不衰，成为最具代表性的传统手工艺品之一。①2006年，南通蓝印花布印染技艺被列入第一批国家级非物质文化遗产名录。

蓝印花布印染技艺流传时间长，普及面广，影响深远，具有很高的文化价值。南通蓝印花布馆搜集了自明清以来蓝印花布实物及图片资料一千多件，设计开发蓝印花布系列产品百余种，整理出版了《中国蓝印花布纹样大全》藏品卷、纹样卷等，展现出南通印染技艺的风采和魅力。

（二）茶点类手工技艺

在江淮传统村落的手工技艺中，还有一个十分引人注目的特点，就是几乎每个传统村落都擅长制作一些特色美食，因为地处水陆交通要道，客流量大，故便于携带的食品很受往来商旅的欢迎，或茶干，或烧饼，即茶点类手工艺品。

界首茶干即为其中的典型代表。界首茶干是界首老街非常有名的特色食品，现在已经成为"国家地理标志产品"，代表性的非物质文化遗产。现在界首老街已专门建起技艺传承馆，展示茶干制作

---

① 参考《南通蓝印花布印染技艺》，《江苏文化年鉴》2006年。

技艺，也便于参观者深入了解界首茶干的前世今生。界首茶干因是清乾隆皇帝御赐的"茶干"而蜚声海内，在技艺传承馆的展厅里，就再现了乾隆皇帝南巡品尝界首茶干的一幕。

界首人陈锦堂于乾隆十年（1745）创办豆腐作坊。为便于保存，陈锦堂另辟蹊径，在豆腐中添加作料、药材等成分，制作成五香茶干。前后历经磨浆、滤浆、烧浆、点卤、灌包压制、添加辅料等32道工序，一块小小的茶干才最终制作完成。茶干既可登大雅之堂，又能上百姓餐桌，且便于携带食用，存储时间长，因此深受南来北往的商旅欢迎。界首茶干伴随着运河水，传遍四方各地，成为运河岸边标志性的美食。①

同样以制作茶干出名的，还有仪征十二圩老街。自清光绪年间兴起的窦天昌号茶干目前已有100多年的历史，现已成为地方名产。此外，季市老街上的各种小吃、草堰的龙虎斗烧饼、余西古镇的脆饼都很有代表性。这些茶点的原材料都很普通，但制作工艺讲究，可谓粗材细做，价廉物美，老少皆宜。这些传统茶点来自生活，植根于生活，在生活中永续，是地方传统历史文化的重要组成部分。

---

① 《扬州两地上榜中国传统村落》。

第五章

Chinese Traditional Villages

中国传统村落文化抢救与研究
文化区系列

江淮传统村落的保护与活化

传统村落是我国农耕文明最小的社区单位，也是农耕文明留下的最大遗产。这里孕育了中华文明的"根"，生动体现了中华文化的多样性、地域性和创造性。我国劳动人民在村落里生产、生活，留下了大量的物质文化遗产和非物质文化遗产。然而，城镇化和新农村建设的快速推进，导致我国传统村落的原始性及其所附有的文化性逐渐被瓦解。曾任中国文联副主席、中国民间文艺家协会主席的冯骥才先生给我们统计了一系列数据：2000年国内有360万个自然村，而到了2010年，这一数字降为270万，10年消失了90万个自然村（目前我国的村落还在加速消亡中）。这些消失的自然村中有多少具有文化保护价值的传统村落，无人知晓。

根据从2012年至2019年国家传统村落评定专家委员会所公布的五批中国传统村落名录统计，江淮传统村落的数量为100个。尽管现存江淮传统村落的数量相对较少，但其所蕴含的历史文化信息非常丰富，特别是明清以来的区域社会演变情况，故弥足珍贵。江淮传统村落现存的传统建筑风貌完整，能够反映江淮区域文化中的民居风格；村落的选址和整体格局保持系统完整，能够反映传统江淮区域社会的文化特征；村落非物质文化遗产的活态传承，亦为江淮区域传统文化之映射。

第一节
江淮传统村落的保护与活化概况

近年来，江淮地区的飞速发展和农村城市化的进一步深入，对传统村落产生了重大影响，村落原有的生产功能和经济意义逐步丧失，江淮传统村落陷入被遗忘和破坏的困境。作为农耕文明的产物，传统村落的保护和活化具有重要意义。自2012年以来，住建部、文化部（现文化和旅游部）、财政部等部门出台了多个相关文件，以此强调传统村落的保护和活化。与传统村落的发展和保护相关的政策与文件的接连出台，推动了江淮传统村落保护研究的进展和实践，国家主张对传统村落的保护越来越全面，越来越具有针对性，为研究江淮传统村落这个课题提供了社会与政策支持。

然而江淮传统村落光靠保护是远远不够的，我们需要保留传统文化，但不是被动的保存或原封不动的保存，要实现传统要素和现代功能的有机结合，必须让其重新恢复经济功能，经济功能背后隐含着文化功能，它们构成中国传统文化景观的根本基因。活化的本质是要保护传统村落，好的活化一定是发扬本地文化，但并不意味着一成不变。

一、传统村落的保护与活化研究现状

关于传统村落的保护与活化，国内外学者取得了较多的研究成

果，特别是在保护传统村落文化遗产的重要性，保护的内容，保护的手段以及作为这种手段的旅游业的促进等方面。

在如何保护方面，Svensson 和 Eva 通过对瑞典相关村落的分析，提议在符合当地人生活习惯的前提下，再去考虑针对生态环境的有效保护，而不是盲目地发展旅游行业，降低自然环境的可利用性。Nakamura 通过研究日本的萨鲁河，主张保护本地文化以便在土著和非土著之间找到相似之处，并让当地居民对其生活的自然与人文环境进行评价反思，这样更能推动当地居民对该地各方面的认识和保护。Said 等学者提出，提高当地全体居民的村落保护意识，充分利用有关该地的其他资源，是保护传统文化的重要手段。此外，当地政府应该科学规划地区安排和相关资金来源。陈麦池等学者提出，为了更有效率地减慢相关资源的消失速度，要灵活地、有针对性地对传统村落的特定方面做出相关保护措施。周乾松认为，在社会公众方面，人们要提高对传统村落的认识，懂得对传统村落的珍惜与保护；在政策支持方面，政府通过颁布一系列法律政策，积极宣传对传统村落的保护，同时要增加对传统村落多方面的资金投入，让村民感受到村落的发展变化。冯骥才将当前对传统村落的保护方法分成四种表现形式，同时支持在专业人士的科学指导下，当地居民在日常生活中，对该村落自觉进行保护与发展，针对不同地区、不同特点，制定不同的保护方式。在如何保护传统村落方面，国内外学者都表达了自己的观点，但有一个共同点是，目前这些分析结果都表明本地村民的关键性，不同的是，国内的研究人员更在意对文化中个性的保护。

现有研究学者普遍注重活化对传统村落的重要意义。李川认为，为了在实现保护目标的同时，还可以实现老房的灵活使用，提议用活化这一方法。汤敏等学者在对部分古村落的实地考察之后，提出传统村落保护的关键就是活化，而活化的中心就是村民的意识改变。林乙煌等学者认为，作为一种宝贵的文化遗产，传统村落应通过活化的方式加以改善和发展，即保护当地的独特环境，保留古老村庄的文化特征和建筑风格，并恢复古老村庄的原始街道的形态。陈顺和等学者认为保护传统村落的手段应该增强灵活性，在传统保护方式的基础上推陈出新，强调了传统民间文化的活化。罗长海等学者强调，要保护传统村落，就要着重于该地民居建筑、周边风景、村庄形式等的维护。窦晓乐认为传统村落最重要也最吸引人的是村落的布局与功能、周边的风景、民族风情和民间习俗等，而这些需要重点保护。郑霞等学者提出，村落中各种各样的公共区域都应受到重点保护，在维护原来情况的同时也要创造新的、符合当前时代的区域，支持与发展当地民间习俗，并在其中区域加入当地民间习俗。陈虹等学者提议，不同的村落都有不同的特点，应针对其当地的情况，关注和促进村落的发展。

　　当前发展乡村旅游被认为是传统村落最佳的活化方式。麻国庆指出，参与式发展的最终目的是建立一种互动机制，要以农民的文化意识为基础，刺激和发展内生的乡村发展，并将地方文化生态融入现代乡村建设和旅游业的发展中。谢冶凤等学者提出，要以旅游业为中心的方式来发展传统村落，必须要提高当地居民的文化意识，除此之外，还涉及物质文化和非物质文化，要反映当地的文化增长和可持续发展的整体特征。吴应其提议，有效地保护与发展传统村落的最重要的方法就是发展乡村旅游，而且二者能互相推进、共同发展，与此同时还能提升传统村落的知名度；倡导村落居民从自身做起，保护大家共同生存的村落。

传统村落的保护不断受到政府、学术界和社会各界的关注，随着相关政策的颁布实施、宣传力度的逐步加大、学术界研究的不断深入，保护的措施和力度已在不断加强。在保护的过程中，传统村落的活化被普遍认为是积极有效的方式，尤其是乡村旅游的发展与村落保护活化的融合，在不断的实践中被证实是当前最佳的活化方式。

二、传统村落的保护与活化探索

（一）政府参与传统村落的保护与活化

传统村落的保护与活化离不开政策导向，也离不开政府的支持与影响。政府参与在传统村落的保护与活化中发挥着不可替代的作用。如在诸多传统村落的保护活化中政府发挥了主力作用，对村落进行维护修缮，然后采用标租的方式委托给民间经营；或是在政府支持下土地持有者对传统村落进行修缮，然后选择自行或委托方式运营民宿。政府在传统村落的保护与活化过程中承担了建立制度、修缮资助、协调各方关系等各种角色。

如在大别山区传统村落的活化实践探索中，河南新县人民政府发挥关键作用，提出规划先行，要求规划设计上绝对听取专家意见，设施改造中绝对服从指挥部意见。为了实现村落的保护与活化，政府提出了"村舍古韵、村庄美丽、村民幸福"的核心目标，并要求整个实施过程需要做到三个尊重，一是尊重历史，修旧如旧，一砖一瓦循环利用；二是尊重生态，不砍树、不填塘、不挖山；三是尊重群众，当专家和政府部门意见不一致时，以专家意见为主，当专家和群众意见不一致时，要听取群众意见。此外，政府还要求要同步做好传统村落配套设施的建设，让人才、资本、生态和文化回归。

（二）文旅产业融入传统村落的保护与活化

目前，乡村旅游被广泛认为是传统村落保护与活化的最佳方式之一。乡村承载了几代人的乡愁，也成为许多城市人的"诗和远方"，因此文旅产业在传统村落保护的领域中具有可发挥的空间，用乡村旅游来拯救传统村落切实可行。文旅产业与传统村落发展的融合，由最初的"农家乐"，到乡村观光和乡村度假，再到现在流行的"乡村旅居"，乡村成为旅游者的"第二个家"。在乡村旅游发展过程中，关键在于实现传统村落内生自养的能力，进而更加有效地保护传统村落。当前实践较好的模式，如乡村民宿模式、乡村酒店模式、艺术村落模式、主题庄园模式、休闲聚落模式等，既满足了城里人的需求，也满足了当地人的需求。

但在发展文旅产业活化传统村落时也会出现一系列矛盾，对此我们也不能忽视，如传统村落体验旅游与村落景观保护之间的矛盾；传统村落发展旅游干扰村民日常生活出现的矛盾；城镇化发展与传统村落保护之间的矛盾；乡村旅游投资商与社区居民，以及其他利益相关者之间的矛盾等。

（三）活化传统村落与发展公益相结合

传统村落的保护与活化，不是改变它，而是要恢复乡村文明，把农村建设得更像农村,这其中涉及乡村自治、村规民约、保护村民、呵护风水等,通过这样的建设才可以吸引年轻人回村、恢复乡村生机活力。整个链条中包括三个角色:一是资源的提供者,包括政府或企业基金会;二是实践者,主要是草根组织,或称为非政府组织;三是受益者,可能是弱势群体或自然环境。公益组织参与传统村落的活化与发展可以协助解决许多问题,在解决这些问题的过程中,也可帮助乡村逐渐形成核心竞争力。

(四)大众创业助力传统村落的保护与活化

新时代大众创业对于传统村落的保护、修缮、活化与运营有着重要的意义。大众创业者可以挖掘传统村落的文化,在修缮过程中充分保留原有建筑精髓、人文历史风貌,在运营过程中重视乡村项目和衍生品的创意开发和销售,有效获得利润回馈。大众创业者们重视传统村落文化保护、传统手工艺传承、创意再生,在民间传统建筑的研究与保护、传统村落文化的保护与传播等方面发挥了重要的作用。

当前社会各界持续关注传统村落的发展,并进行了多种形式的尝试和行动,然而我们亦需要一些冷思考。首先,从党的十六大到十九大,乡村成为政府部门关注的重点,美丽乡村建设中,政府部门在迅速改变乡村风貌和环境上成绩斐然,然而,这其中也不乏传统村落被破坏改建、千村一面,出现规划设计与村民生活脱节、居住与生产脱节、乡村特性缺失的现象。其次,乡村旅游给传统村落带来的过度商业化问题很普遍,乡村旅游是最普遍的乡村发展模式,短时期内乡村旅游可以产生一定经济效益,但容易出现农耕文明和生态环境遭破坏的现象,并形成城里人成为主人、农村人成为"服务生"的主客错位。最后，传统村落的保护与活化不能仅仅停留于物质空间的改良和修缮，还需要新业态的植入和文化的修复传播，应避免急功近利的乡村改建，不符合风俗、习俗的胡乱改建等。

第二节
江淮传统村落保护与活化的实践案例

江淮区域南北交汇，襟江带淮，傍山濒海，物产丰饶，人文荟萃，造就了江淮区域文化非常典型的多元交汇融合、过渡拉锯的特征，因此可以说江淮区域是中国文化的过渡区。这一区域的传统村落也因此受到城市化快速发展带来的极大威胁，大部分村落已被千篇一律的钢筋水泥现代建筑所取代，保留下来的村落多呈现年久失修、部分坍塌的现象。当前国家逐渐重视传统村落的保护与活化，亦有一批传统村落在坚持原汁原味古村落文化的基础上，通过多种方式得到活化，实现乡村振兴，达到了真实有效保护传统村落的目的。下面介绍几个通过文旅融合活化传统村落的案例。

一、河南信阳西河大湾村

（一）西河大湾村概况

西河大湾位于河南省新县周河乡西河村，始建于元末明初年间，距今已有约 800 年历史，被评为第十四届中国景观村落，入选河南省第二批传统村落名录和第二批中国传统村落名录。在世界和中国开始注重传统村落发展的时候，西河大湾的初步建设吸引了部分游客的到来。西河大湾开始出现在大众的视野，旅游业逐步发展起来，目前西河大湾传统村落的活化取得了一定的成效，2009 年游客接待量高达 30 万人次。

（二）西河大湾村的保护与活化之路——文旅产业融入乡村发展

西河大湾村历史悠久，村落具有典型的代表性，拥有独特的、优美的生态环境，还有几百年的古民居，具有较强的艺术和文化价值。但是亦存在一些当前传统村落共有的问题，如村落破损严重，房屋年久失修，有倒塌的风险；村内老龄化严重，且大部分年轻人在外地工作，很多房子常年没有人住，加剧了房屋的破损和老化等。

图 5-1
西河大湾村石墙老房

2014年西河大湾村开始进行保护性旅游开发，实践着江淮传统村落的保护与活化。

1. 因地制宜，塑造"画里乡村、梦里老家"的优质旅游形象

西河大湾村定位走乡村旅游振兴之路，锁定"乡愁"这一最容易引起共鸣的情感记忆，坚持立新不破旧，在保持本土风情的原汁原味基础上，彰显地域特色，以"画里乡村、梦里老家"进行旅游形象定位，取得了非常好的效果。

2. 复兴西河大湾村传统产业，为传统村落乡村旅游提供要素支撑

西河大湾通过推广传统工艺知识、文化传统、乡土饮食、重要民俗活动、特色住宿发展、知识产权活化以及创造新且丰富的家庭文化，表现出江淮传统特色村落的核心价值。村落通过产业壮大发展，依靠文化生存，形成持续发展的动力，如曾经息鼓已久的大鼓书被年长的村民重新架起来。大鼓书表演者在当地被称为"说书的"，曾经每天都有"说书的"走村串巷，说唱的故事有《隋唐传》《岳飞传》等。西河大湾村通过恢复再现的方式，将这项传统文化进行活化传承，也为游客提供了优质的乡村旅游产品。另外曾经失唱已久的新县民歌，近几年又开始兴起，村民自发组织的传唱队把《十二月花名》《十把扇子》《八月桂花香》等民歌唱得委婉动听，为游客提供了丰富的视听大餐。西河大湾村还有一道传统小吃——观音豆腐，曾经受到央视记者的专门采访，其中以张因六和王家梅夫妇制作的最为出名。观音豆腐由当地的一种特殊的树叶做成，颜色黑褐，口感清爽，成为该村一大特色。除此，村内诸多闲置民居被用来开发成为主题民宿、青年旅行社等接待场所，这些民居还经

过保护性修葺，实现了保护性活化。

3. 结合传统村落特色，创新乡村旅游产品开发

西河大湾村立足传统村落资源，在坚持原汁原味传统村落资源保护性开发的同时，亦注重新产品的创新开发。如西河大湾村落推出了在稻田里的星空帐篷酒店，这样的帐篷酒店别具特色，让游客体验到乡村自然田园风光，安全性能也很高，有遥控天窗，夜晚也可以在房间里欣赏到满天繁星和萤火虫。这种结合稻田风景而实施的新型酒店，以不同方式展示当地传统文化，并吸引到更多价值观相符的游客，提高了本地多项传统产业的知名度。新县是全国著名的老革命根据地，而新县里最具特色的西河大湾传统村落又是当地古村代表，该村不断创新旅游发展渠道和产品，利用当地的红色资源，开展红色记忆主题餐厅、红色影视基地和红色文化博物馆建设等。西河大湾村实施运用多种不同的方式维护和发展传统村落，将相关的行业产业和特殊产品与多种综合维护绑定，如结合传统住宅建筑、农业工程设施、乡村旅游、农业生态等。该村还采用绿色环保手段，不仅活化发展了本村经济文化，还带动了相邻城镇的共同发展。

4. 利用节庆旅游，促进传统村落乡村旅游发展

2016年4月在西河传统村落成功举办了首届国际乡村复兴论坛大会，在全国乃至国际上引起了强烈的反响。同年10月又举办了首届大别山乡村旅游自驾游活动，受到了诸如武汉、郑州、北京、合肥、洛阳、开封等周边大中城市的广泛关注，掀起了乡村游、农家乐、乡村度假的热潮。

次年 10 月西河大湾村又举办了大别山山茶花节，吸引了各界相关人士参加。大别山山茶花开放于每年的秋冬季节，届时漫山遍野开满了山茶花，盛开一个月不凋谢，待第二年春季开始挂果，秋季开始采摘，冬季榨油，也就是山茶油。西河大湾村为此还开设了油茶博物馆，里面陈列着一台具有 300 多年历史的古法榨油机。

5. 重视网络资源宣传西河大湾村

西河大湾村利用浓情的乡愁与发达的网络资源吸引游客到来，方便人们抒发对家乡的怀念和对家人的牵挂。西河大湾村引入媒体新理念，借助融媒体，如抖音、快手、微博等多种网络平台，将具有特色的传统文化发扬出去。大湾村还组织村民利用网络资源拍乡情类视频，通过声音和文字抒发乡情，让人与人之间的情感在举办的各项活动与平时生活中得到充分交流，时刻体现着对家乡的浓厚情感。村民自发组织拍摄扶贫、日常生活等正能量视频或者上传西河大湾发展现状的美好图片，吸引更多家乡人才回乡发展。同时还邀请部分网络红人打卡西河大湾传统村落，增强宣传力度以吸引游客到来。

在网络资源方面，青春励志电影《西河恋歌》主要讲述了回乡青年在西河大湾创业的故事，古村以此为基础继续开展影视基地方面的工作，吸引拍摄剧组，让西河大湾传统村落更广泛地出现在人们的视野中，让更多的人欣赏到传统村落的独特景观。

除此之外，由当地政府引导拍摄了新县《九镇十八湾》音乐视频，由西河村村民和相关媒体共同制作，充分展现了西河村的生态环境和民俗习惯。通过该活动，提高了村民对西河村的保护意识，增强了宣传力度。古村还组织年轻村民拍摄和记录有氧运动的日常，

图 5-2　2019 年 20 余位网红来到西河大湾

展现村落的绿色环境，以此吸引更多的爱运动的游客到来。

另外，关于新县的美食节目已在河南卫视播出，以"老家的味道"为主题，带领大家见识当地的特色美食，吸引新的游客，同时也号召在外的村民关注家乡。在将传统村落文化活化的过程中，该地的村民也开始重视学习新的知识，提高整体的文化水平，让村落整体更具有吸引力和活力，从而实现村落更高层面的活化。

二、江苏淮安龟山村

(一) 龟山村概况

淮安市龟山村，位于洪泽区老子山镇南部约 10 千米处，陆地面积约 300 亩，水面面积约 4600 亩，该村紧邻淮河。从空中俯瞰，龟山村四面环水，被淮河水围成一个"其形如龟"的小岛，因此得名龟山村。走进龟山村随处可见松柏叠翠、农家炊烟袅袅、鸟语鸡鸣，一幅蕴藏厚重、生态幽静、淳朴归真交融的画面展现在眼前，犹如世外桃源。龟山村的历史文化底蕴非常深厚，不大的山村中几乎到处都有古迹遗存，如御码头、百牛潭、巫支祁井、淮渎庙、淮渎碑、移建安淮寺碑等。龟山村在历史上曾经因运河交通而兴盛，后来又因运河改道从落寞到与世隔绝，可以视为江淮东部运河变迁的活化石。2014 年，龟山村入选第三批中国传统村落名录，也是至今为止洪泽湖区唯一入选的村落。龟山村于 2015 年被评为"淮安市三星级乡村旅游示范点"，2016 年被评为省级文明村、省级卫生村以及淮安市美丽乡村。

(二) 龟山村的保护与活化之路——坚守村庄原生态保护，发展旅游业和养殖业活化乡村

1. 坚守村庄原生态环境保护

龟山村因运河而兴，后来又因运河改道而与世隔绝，故而能在历史的发展进程中保存下来。地方政府在明确对龟山传统村落活化开发之路时，仍以保护该村落的原生态环境、生活方式、生产方式

为基本原则；保护村内丰富的古迹遗产，不破坏村内优美的自然风光，同时注重对建筑遗迹进行保护性修复。村里发动技术精湛、经验丰富的村民参与施工，依靠龟山现有的石料、木材、树种等主要原料，根据龟山历史遗存风貌用传统技艺修缮了部分传统石屋。另外，政府还注重村内卫生和绿化，采取了一系列措施有效地保护这一江淮东部运河变迁的活化石。

2. 大力发展旅游业和养殖业

龟山村物质文化遗产和非物质文化遗产丰富，为旅游业的发展提供了良好的基础。在江淮东部的传统村落中，龟山村非常具有独特性，其古朴自然的石屋建筑在江淮传统古建筑中独树一帜。对于江淮东部来说，像龟山村这样尚处于自然生态的传统村落，可谓绝无仅有。该村湿地、村落、山体、河流相间，拥有自成一体的自然山水格局，村内松柏叠翠、炊烟袅袅，呈现世外桃源般的幽静、淳

图 5-3
淮安市龟山村俯瞰图

朴。龟山村的历史悠久，文化积淀深厚，古迹遗存丰富，由东至西分别有明代"圣旨碑"、清代"移建安淮寺碑"、宋塔地宫、明代"重修淮渎庙碑"、清代"陶澍、麟庆碑"、宋代"御码头"及明代"石工墙"，此外还有淮渎庙遗址、古银杏、巫支祁井、传统民居、河湾等。石板房是龟山村的一大特色，山里人家沿袭着祖祖辈辈住石房的传统，石屋均为龟山上开采的玄武岩垒砌而成，石基、石壁、石廊、石院墙，错落有致，别成风景。同时龟山村还拥有很多传说和故事，大禹擒获巫支祁于龟山脚下的故事家喻户晓。

龟山村依托独特的传统村落优质资源，大力发展旅游业，2017年年初，龟山村共接待游客9万余人次，实现旅游收入6500万元，解决了超过百名村民的就业。该村进行保护性修葺石屋民居，然后通过运营民宿方式予以活化。目前该村已形成小规模的石屋民宿区，游客可以在这里体验最淳朴的农村生活。从房子的外面看，这些老房子经过重新翻新修缮后还留有古朴的韵味，整座房子都由石头砌成。屋内干净明亮，空调、电视、热水器等电器一应俱全，既古朴又现代，且方便舒适。石基、石壁、石廊、石院墙，石块错落有致，这些石屋民宿已成为龟山村的一大特色。除此之外龟山村还建成仿古长廊、御码头、龟山草市及核心文化片区、游船码头等，村民自发开小民宿客栈、农家乐。"靠山吃山，靠水吃水"，龟山村依山近水，明确旅游业和水上养殖业相结合的发展道路，借助村里旅游业的发展，村民开起了"渔家乐"，经营起了农副产品生意。据村里"德好渔家乐"老板朱德好介绍，他之前在外打工，每月也就挣三四千块钱，现在回来开渔家乐，收入已经翻了好几番，每逢周末生意更是火爆。龟山村融合旅游业和养殖业，实现了一个与世隔绝的传统村落的再复兴。

3. 注重提升村落文明素养

龟山村非常重视村民精神文明的配套提升。村里围绕环境之美，对重点区域进行绿化美化，新建污水处理厂、景观旅游厕所等；围绕风尚之美，进行典型评选活动；开设道德讲堂，引导农民群众提升文明素养；围绕人文之美，制定实施历史文物保护与修复规划，充分挖掘传统艺人作用，传承历史记忆，丰富群众生活；围绕秩序之美，发挥村规民约、红白理事会等自治组织的作用，打造遵纪守法、幸福安康的龟山村。该村先后被评为"江苏省省级文物保护单位""江苏省文明村""江苏省卫生村"，还成功入选中国传统村落名录。这些为旅游业的发展创造了更优质的环境。

三、江苏南通余西古镇

（一）南通余西古镇概况

余西古镇地处江苏省东南部南通市通州区二甲镇，位于长江口北岸，地处长江和黄海交接处，是一座有着1000多年文字记载历史的古镇，始建于唐末、兴于北宋，由明清时期国家设立的盐场发展起来，是古通州东南沿海第一个盐埠，也是我国蓝印花布的发祥地。镇内古迹众多、人文荟萃，拥有龙街、精进书院、钱氏牌坊等一大批历史文化遗址，以及曹顶、柳敬亭、朱理治、曹秀升等众多的历史名人。古镇至今依然保存着明清格局的街巷形态，其历史建筑和文化设施均保存较好，古建筑规模达16927平方米，保护区面积约为26公顷，核心保护区7.4公顷。自建制以来，余西在形成的千余年中历经场、镇、乡、村的历史变迁，从出水成陆、煮盐为场、建立司署，到龙街形成、海岸变迁、转型中转集镇，余西一直繁荣至20世纪80年代，历史发展脉络清晰完整，是见证江淮东部海岸变迁、历史更迭的重要村落。2013年余西古镇被评为江苏省历史文化名村、2014年被评为中国传统村落和中国历史文化名村。地方政府重视余西古镇的保护和活化，对其投资已超3000万元。余西古镇现在已发展为兼具居住、商业、旅游、休闲、度假等功能的村落，被人们誉为"江北的周庄"。

（二）南通余西古镇的保护与活化之路——文旅融入古镇发展

1. "慢生活传统村落"特色旅游主题定位

以"慢生活传统村落"为旅游发展主题，发展文化旅游产业。余西古镇充分利用村中传统民居建筑、氛围与文化传统，塑造宜人安静的休假环境，开展手工业等多种文化创意产业的培养与体验活动，开发民宿与休闲度假酒店。

2. 开发多条旅游线路，与周边旅游区联动发展

在坚持原真性保护的基础上，余西古镇开发多条旅游线路，如陆上游览路线，以龙街传统商业街为主要展示项目，由东入口进入余西，沿运盐河滨河道路经非遗展示中心、龙街、节孝坊、蓝印花布展示中心、龙眼、场署遗址，经北街返回入口；水上游览线路，沿河道途经东高桥、朱家花园、盐业展示馆三个码头，并一直游览到香光莲寺。另外，余西古镇还有针对性地开发了以村庄整体为展示目标的旅游路线，由南入口进入余西，经龙街、节孝坊、蓝印花

布展示中心、孝子坊，顺二河景观河道至仓溪广场，再返至盐业历史展示馆、朱理治故居、元帅庙、朱家花园、西来庵、生态农业区，最后由西高桥经南岸返回游客中心。该路线串联了余西各主要文化节点，包括盐文化、传统商贸文化、历史名人、手工艺等，全面展示了余西的文化内涵。

3. 鼓励公众参与古镇发展

余西古镇注重完善公众参与的运行机制，落实居民知情权，加强社会监督，形成全村参与保护、积极监督的氛围。村集体将古镇保护纳入村规村约，加强乡土教育。余西古镇还鼓励村内居民以及二甲镇居民留在余西工作，对于愿意在余西发展并进行经营活动的居民，采取近期免除店铺租赁费、提供商业与技能培训、协助进行房屋适应性改造等方式鼓励其运营龙街、南街的商铺。通过扶持村民自行创业，聘用村民承担保安、保洁及各项日常经营和服务工作，提供就业机会，使村民切实享受到古村保护带来的经济和社会效益。

除此之外，当地政府在余西古镇保护与发展中提供了极大的资金和技术支持。余西古镇建立政府投入、财政拨款、专项基金支持、区域外挂钩开发反哺、社会协同、居民参与的多元经济保障体制，用于古镇历史建筑以及其他传统民居的修缮修复。同时，鼓励社会力量以多种投资方式参与余西保护工作，扩大融资渠道；积极募集社会捐赠；对保护工作有突出贡献的单位和个人进行表彰奖励；对拥有产权的原住居民的房屋进行修缮和更新；政府通过设立专门的无息或低息贷款予以补贴；对无力自修的居民，推荐其考虑收购或置换房产。

为了在发展中保持古镇建筑和文化的原汁原味，余西古镇实施保护专家制度，确定了一批了解余西历史文化与传统建筑风格的专家参与修缮方案的审查和施工现场的指导。当地政府还成立针对余西的专业修缮队伍，负责村内传统建筑和环境的日常维护与修缮。

参考文献

REFERENCES

[1] 郭汉鸣, 洪瑞坚. 安徽省之土地分配与租佃制度[M]. 南京: 正中书局, 1936.
[2] 王振忠. 明清徽商与淮扬社会变迁[M]. 北京: 生活·读书·新知三联书店, 1996.
[3] 吴必虎. 历史时期苏北平原地理系统研究[M]. 上海: 华东师范大学出版社, 1996.
[4] 邹逸麟. 椿庐史地论稿[M]. 天津: 天津古籍出版社, 2005.
[5] 雍振华. 江苏民居[M]. 北京: 中国建筑工业出版社, 2009.
[6] 李巨澜. 失范与重构: 一九二七年至一九三七年苏北地方政权秩序化研究[M]. 北京: 中国社会科学出版社, 2009.
[7] 姚廷銮. 阳宅集成: 卷一[M]. 北京: 中医古籍出版社, 2010.
[8] 张靖华. 九龙攒珠: 巢湖北岸移民村落的规划与形成[M]. 天津: 天津大学出版社, 2010.
[9] 韩锋. 一座世界名城的文明多元化: 扬州瘦西湖景观历史演进的文化解读[M]. 南京: 东南大学出版社, 2013.
[10] 黄先有. 中国非物质文化遗产保护黄山论坛论文集[M]. 合肥: 安徽教育出版社, 2013.
[11] 潘小平. 长湖一望水如天[M]. 合肥: 安徽文艺出版社, 2014.
[12] 齐治国, 谷新生. 现代徽商典当[M]. 芜湖: 安徽师范大学出版社, 2014.
[13] 潘林. 信阳传统民居[M]. 郑州: 中州古籍出版社, 2014.
[14] 张媛媛, 江小角. 安徽非物质文化遗产[M]. 合肥: 安徽文艺出版社, 2015.
[15] 甄新生, 王丹. 皖西水圩民居[M]. 长沙: 湖南人民出版社, 2016.
[16] 徐四海. 江苏文化通论[M]. 南京: 东南大学出版社, 2016.
[17] 杜佑. 通典[M]. 北京: 中华书局, 2016.
[18] 刘思祥. 凤阳花鼓全书: 文集卷[M]. 合肥: 黄山书社, 2016.
[19] 关传友. 明清民国时期皖西宗族与地方社会[M]. 合肥: 安徽人民出版社, 2016.
[20] 庞利民. 晋商与徽商: 下卷[M]. 合肥: 安徽人民出版社, 2017.
[21] 秋地, 徐翠. 传统戏剧[M]. 贵阳: 贵州人民出版社, 2017.
[22] 杨正福. 扬州运河古镇[M]. 扬州: 广陵书社, 2017.
[23] 朱虹, 方志远. 人文江西读本[M]. 南昌: 二十一世纪出版社集团, 2017.
[24] 张强, 张文华. 淮扬区域文化与漕盐商贸研究[M]. 南京: 江苏人民出版社, 2018.
[25] 邹逸麟. 中国历史地理十讲[M]. 上海: 复旦大学出版社, 2019.
[26] 陈饶. 江淮东部城镇发展历史研究[M]. 南京: 东南大学出版社, 2019.
[27] 李巨澜, 李德楠. 运河与苏北城市发展研究[M]. 北京: 人民出版社, 2020.
[28] 纪仲庆. 江苏海安青墩遗址[J]. 考古学报, 1983(2): 147-190.
[29] 江乐山. 民歌《八月桂花遍地开》出自大别山[J]. 民间文学论坛, 1995(1): 79, 60.
[30] 葛剑雄. 中国历史上的移民发源地之三: 苏北的苏州移民[J]. 寻根, 1997(3): 19-21.

[31] 姜彬.独特的皖中"圩"堡景观：刘铭传之故居刘老圩景观复原设计[J].园林，2005（10）：28-29.

[32] 芮刘斌.浅谈桑皮纸手工制作技艺[J].大众文艺（理论），2007（11）：18-20.

[33] 张靖华，翟光逵."九龙攒珠"：巢湖北岸移民村落规划与形成背景初探[J].安徽建筑，2008（3）：18-19，30.

[34] 张琼.中国近代典当业研究综观[J].天府新论，2008（4）：65-68.

[35] 张崇旺.略论"江淮文化"[J].文化学刊，2008（6）：114-120.

[36] 郑霞，金晓玲，胡希军.论传统村落公共交往空间及传承[J].经济地理，2009（5）：823-826.

[37] 罗长海，彭震伟.中国传统古村落保护与发展的机制探析[J].上海城市规划，2010（1）：37-41.

[38] 李巨澜.略论明清时期的卫所漕运[J].社会科学战线，2010（3）：94-101.

[39] 江霞.浅论黄梅戏的文化特征[J].大舞台，2010（6）：86.

[40] 黄克顺.民间传说：百姓记忆、地方解释和民间教化：以毛坦厂民间传说为例[J].天中学刊，2011（3）：91-96.

[41] 胡迟.安徽的特色民俗[J].江淮文史，2011（6）：131-142.

[42] 曹树基."瓦屑坝"移民：传说还是史实[J].学术界，2011（9）：35-52，285.

[43] 姚翔翔.江淮"铜壳锁"民居形式的现代演绎[J].美术界，2011（12）：101.

[44] 林盼.清代私盐贩运与地方社会：以淮安为例[J].盐业史研究，2012（1）：33-41.

[45] 陈麦池，黄成林.古村落旅游地综合性系统保护与开发研究[J].中国名城，2012（12）：67-72.

[46] 吴圣刚.论淮河流域文化的特征[J].中原文化研究，2013（1）：89-95.

[47] 张同铸.论江淮地区民间祭祀活动与方相驱傩仪式的关系：从南通方言词"放相"的语义成分来看[J].世界宗教文化，2013（4）：106-109.

[48] 林祖锐，刘钊.没落的辉煌：河南省新县毛铺古村落调研手记[J].中外建筑，2013（7）：31-34.

[49] 胡燕，陈晟，曹玮，等.传统村落的概念和文化内涵[J].城市发展研究，2014（1）：10-13.

[50] 黄梅.皖西大别山民歌非物质文化遗产属性分析[J].蚌埠学院学报，2014（3）：50-53.

[51] 李大庆，李丽.豫南传统村落：丁李湾空间形态特征探析[J].四川建筑科学研究，2014（5）：259-261.

[52] 张鹏，徐尚勇，朱玉宽.失落的古村落：探幽徽州古村落[J].绿色视野，2014（10）：6-27.

[53] 毛心彤，陈骏祎，司亚丽，等.皖中地区传统民居现状调查与研究[J].建筑与文化，2015（9）：132-133.

[54] 李川.活化是古村落保护的重要途径[J].神州，2015（34）：16-21.

[55] 吴必虎.基于乡村旅游的传统村落保护与活化[J].社会科学家，2016（2）：7-9.

[56] 谢超.保护与活化＝古村＋X？：首届中国古村大会侧记[J].新建筑，2016（2）：131-133.

[57] 宋国彬.合和·尚中·格物：鄂东新屋垮传统民居的生态观念[J].装饰，2016（4）：128-129.

[58] 康璟瑶，章锦河，胡欢，等.中国传统村落空间分布特征分析[J].地理科学进展，2016（7）：839-850.

[59] 汤敏，郑捷，刘嘉琪.社会组织视角下的古村落保护、活化、复兴之路：以古村之友为例[J].小城镇建设，2016（7）：54-57.

[60] 陈顺和，余晨炜，陈燕红.山水型风土景观营造思想在传统村落活化中的应用[J].建筑设计管理，2016（9）：78-81.

[61] 林乙煌，叶博雄，赖惟永.基于宜居宜业建设"活化"长汀客家传统古村落研究[J].设计，2016（15）：158-160.

[62] 窦晓乐，房淑娟，刘欣，等.云南大理牛街村传统村落保护规划研究[J].浙江农业科学，2017（1）：183-187.

[63] 朱光亚，龚恺.江苏乡村传统民居建筑特征解析[J].乡村规划建设，2017（1）：14-28.

[64] 麻国庆.民族村寨的保护与活化[J].旅游学刊，2017（2）：5-7.

[65] 陈虹，吴敏兰，燕一波，等.漳州传统村落价值特色评析及发展策略研究[J].中国集体经济，2017（8）：22-24.

[66] 胡思婷,李明."三生"空间视角下环巢湖地区传统村落整体保护研究:以洪疃村为例[J].安徽行政学院学报,2019(2):69-76.
[67] 姚东升,邵明.传统村落保护中乡土风貌原真性与完整性的研究:以淮安市龟山村为例[J].建筑与文化,2020(1):100-102.
[68] 姚夕华.豫南大别山区传统村落的空间特性分析[J].河南财政税务高等专科学校学报,2020(2):92-98.
[69] 孙玮琳,李瑞君.皖中和皖北圩寨的类型及其防御性特征[J].艺术与设计(理论),2020(4):47-49.
[70] 姜兰兰.信阳市乡村旅游发展状况调查分析:以郝堂、西河、新集三个村为例[D].信阳:信阳师范学院,2017.
[71] 张崇旺.明清时期自然灾害与江淮地区社会经济的互动研究[D].厦门:厦门大学,2004.
[72] 朱兴旺.信阳市土壤资源状况及开发利用途径研究[D].武汉:华中农业大学,2006.
[73] 王佳佳.庐剧与皖中地区民俗文化[D].合肥:安徽大学,2006.
[74] 周运中.苏皖历史文化地理研究[D].上海:复旦大学,2010.
[75] 葛剑雄.瓦屑坝:安庆人的根[N].安庆日报,2000-3-1.
[76] 沈晖.东大圩 江西移民的第二故乡?[N].合肥晚报,2011-9-9.
[77] 胡彬彬.中国传统村落文化的内涵与价值[N].光明日报,2013-5-6.
[78] 陆勤毅.淮河文化研究的意义[N].安徽日报,2014-9-15.
[79] 皖西重光神农礼乐《邀大岭》[N].皖西日报·文旅周刊,2018-9-19.
[80] 张永新.淮军圩堡建筑:刘铭传旧居的保护与利用[N].中国文物报,2018-5-11.
[81] 夏冬波."李鸿章当铺"大多非李鸿章本人开办[N].市场星报,2019-4-17.

附录：江淮传统村落名单

表 6-1　江淮传统村落西部部分

序号	批次	名称
1	第一批 （2012-12-17）	安庆市太湖县汤泉乡金鹰村蔡畈古民居
2		安庆市太湖县汤泉乡龙潭寨古民居
3		信阳市光山县文殊乡东岳村
4		信阳市罗山县铁铺乡何家冲村
5		信阳市新县八里畈镇神留桥村丁李湾村
6		黄冈市红安县华家河镇祝楼村祝家楼垸
7		黄冈市麻城市歧亭镇丫头山村
8	第二批 （2013-08-26）	安庆市宿松县柳坪乡大地村
9		安庆市宿松县趾凤乡团林村
10		安庆市岳西县响肠镇响肠村
11		安庆市岳西县响肠镇请水寨村
12		信阳市新县周河乡毛铺村楼上楼下村
13		信阳市商城县长竹园乡张花店村何家冲村
14		信阳市商城县长竹园乡汪冲村四方洼村
15		信阳市商城县冯店乡郭店村四楼湾村
16		黄冈市罗田县九资河镇官基坪村罗家大垸
17		黄冈市罗田县河铺镇肖家坳乌石岩村
18		黄冈市罗田县白庙河乡潘家垸村
19	第三批 （2014-11-17）	安庆市岳西县店前镇店前村
20		六安市金寨县汤家汇镇上畈村朱家湾
21		六安市金寨县汤家汇镇瓦屋基村宴湾
22		六安市金寨县果子园乡姚冲村姜湾
23		信阳市光山县泼陂河镇何尔冲村徐楼村
24		信阳市光山县泼陂河镇黄涂村龚冲村
25		信阳市光山县南向店乡董湾村向楼村
26		信阳市光山县净居寺名胜管理区杨帆村

续表

序号	批次	名称
27		信阳市新县苏河乡新光村钱大湾
28		信阳市新县周河乡西河村大湾
29		信阳市新县陡山河乡白沙关村白沙关
30		信阳市新县卡房乡胡湾村刘咀村
31		信阳市新县田铺乡香山湖管理区水塝村韩山村
32		信阳市新县田铺乡田铺居委会大湾村
33		信阳市商城县吴河乡万安村何老湾
34		信阳市商城县余集镇迎水村余老湾
35		黄冈市团风县贾庙乡百丈崖村
36	第三批	黄冈市红安县华家河镇涂湾村
37	(2014-11-17)	黄冈市红安县太平桥镇回龙寨村石头湾
38		黄冈市红安县永佳河镇欧桥村刘云四湾
39		黄冈市罗田县胜利镇瓦房基村老闫家坑
40		黄冈市英山县国营英山县吴家山林场大河冲村
41		黄冈市蕲春县向桥乡狮子堰村
42		黄冈市麻城市岐亭镇杏花村
43		黄冈市麻城市夫子河镇付兴湾
44		黄冈市麻城市木子店镇王家畈村
45		黄冈市麻城市黄土岗镇小漆园村
46		黄冈市武穴市龙坪镇花园居委会
47		安庆市潜山县官庄镇官庄村
48		安庆市宿松县趾凤乡吴河村
49		安庆市岳西县黄尾镇马元村
50		六安市裕安区独山镇蔬菜村
51	第四批	六安市金寨县汤家汇镇斗林村李家湾
52	(2016-12-09)	信阳市光山县马畈镇代洼村杨柳湾组
53		信阳市光山县晏河乡管围孜村徐畈组
54		信阳市新县郭家河乡土门村徐冲组
55		黄冈市红安县永佳河镇喻畈村
56		黄冈市红安县永佳河镇椿树店村

续表

序号	批次	名称
57		黄冈市麻城市宋埠镇谢店古村
58	第四批 (2016-12-09)	黄冈市麻城市木子店镇刘家塆村
59		黄冈市麻城市木子店镇龙门河村
60		黄冈市麻城市黄土岗镇大屋垱村
61		黄冈市麻城市黄土岗镇桐枧冲村茯苓窝
62		安庆市潜山市黄泥镇黄泥村
63		安庆市潜山市龙潭乡万涧村
64		安庆市潜山市龙潭乡龙潭村
65		安庆市岳西县五河镇李凹村
66		安庆市岳西县青天乡青天村
67		六安市金寨县天堂寨镇前畈村
68		信阳市光山县弦山街道同心村黄底下组
69		信阳市光山县泼陂河镇雀村宋桥组
70		信阳市光山县凉亭乡梁冲村晏洼组
71		信阳市光山县槐店乡陈洼村陈洼组
72	第五批 (2019-06-06)	信阳市光山县文殊乡花山村周洼组
73		信阳市新县沙窝镇朴树店村宋冲组
74		黄冈市团风县回龙山镇林家大湾村
75		黄冈市红安县七里坪镇柏林寺村
76		黄冈市黄梅县柳林乡窎子塆村
77		黄冈市麻城市阎家河镇石桥垱村
78		黄冈市麻城市宋埠镇龙井村
79		黄冈市麻城市龟山镇东垱村
80		黄冈市麻城市龟山镇熊家铺村梨树山村
81		黄冈市麻城市木子店镇牌楼村
82		黄冈市麻城市黄土岗镇东冲村
83		黄冈市武穴市石佛寺镇武山寨村廖宗泰村

表 6-2 江淮传统村落中部部分

序号	批次	名称
1	第二批 （2013-08-26）	六安市舒城县晓天镇晓天街道居委会中大街
2	第三批 （2014-11-17）	合肥市巢湖市黄麓镇洪疃村
3		安庆市桐城市双港镇练潭村
4		滁州市天长市铜城镇龙岗村
5	第五批 （2019-06-06）	合肥市巢湖市柘皋镇北闸老街
6		合肥市巢湖市烔炀镇烔炀老街
7		合肥市巢湖市黄麓镇张疃村
8		淮南市寿县隐贤镇隐贤老街
9		安庆市桐城市唐湾镇唐湾村
10		六安市金安区毛坦厂镇浸堰村

表 6-3 江淮传统村落东部部分

序号	批次	名称
1	第三批 （2014-11-17）	南通市通州区二甲镇余西社区余西居
2		南通市通州区石港镇广济桥社区
3		淮安市洪泽县老子山镇龟山村
4	第五批 （2019-06-06）	盐城市大丰市草堰镇草堰村
5		扬州市仪征市新城镇蒲薪村
6		扬州市高邮市界首镇甓湖社区
7		泰州市靖江市季市镇季东村

注：本附录根据住房城乡建设部、文化部（现文化和旅游部）、财政部等政府部门公布的五批中国传统村落名录（2012—2019）整理而得。

后记
AFTERWORD

中国传统村落作为中华文化遗产的重要载体，承载着中华民族的历史记忆，是人类农耕文明的重要见证，也是中华民族认同的根源，具有重要的文化价值、生态价值和经济价值。但在快速城镇化、现代化的冲击下，中国传统村落正在面临生存的挑战。传统村落的消失不仅意味着村落建筑的消亡，更意味着传统村落所蕴含的文化价值的消亡。近几十年来，随着经济的大发展以及城镇化的推进，大量青壮年走出乡村，定居城市，传统村落面临着"空心化"的窘境。如今，国家已经充分意识到传统村落保护的重要性，采取了一系列的保护措施。

"中国传统村落文化抢救与研究"系列丛书于2016年入选了"十三五"出版规划。本套丛书从文化区、物质文化、非物质文化三个方面全方位阐释中国传统村落文化。其第一辑文化区系列于2020年付梓，项目从策划到出版历时近5年。

一本书的诞生，包含着主编、编写者、编辑、校对、审读专家等众多参与者的心血。为了保证图书的如期出版，每个人都奉献和付出了许多。

感谢每一位编写者的勤勉，在繁重的教学和科研任务压力之下，他们利用每一个休息的空隙，孜孜不倦地书写着中国传统村落的过去、现在和未来，用朴实真挚的文字记录着村落的每一次成长与新生。

本书还配有大量精美图片帮助读者解读内容，但由于信息的更迭和转换，仍然有个别图片找不到原始版权的所有人。希望读到这本书，或者通过其他途径获取到这个信息的版权人，发送邮件至459202365@qq.com，主动与我们取得联系，我们感谢您的理解和支持。

我们本着保护和弘扬村落文化的初心，试图对中国传统村落进行一次科学的梳理、抢救性记录和提出保护建议，通过深度挖掘传统村落的价值，重新唤起社会关注，重振乡居生活方式。让越来越多的人通过阅读，了解传统村落文化的美好与珍贵，从而加入到保护者的行列。

2020年，突如其来的新冠肺炎疫情打乱了每个人的生活工作节奏，但是大家克服了自身的困难和心里的不安，携手走到了最后。再次感谢参与这套丛书出版的每一个人，大家的努力与付出，才促成了图书的成功付梓。我们撒下关爱村落的种子，期待在不久的未来它将长成参天大树，将传统村落文化扎根于每一位读者心间，愿这套丛书为传统村落文化的传承贡献一份微薄的力量。

丛书编委会
2020年12月